EINSTEIN

COLEÇÃO
FIGURAS DO SABER
dirigida por
Richard Zrehen

Títulos publicados
1. *Kierkegaard*, de Charles Le Blanc
2. *Nietzsche*, de Richard Beardsworth
3. *Deleuze*, de Alberto Gualandi
4. *Maimônides*, de Gérard Haddad
5. *Espinosa*, de André Scala
6. *Foucault*, de Pierre Billouet
7. *Darwin*, de Charles Lenay
8. *Wittgenstein*, de François Schmitz
9. *Kant*, de Denis Thouard
10. *Locke*, de Alexis Tadié
11. *D'Alembert*, de Michel Paty
12. *Hegel*, de Benoît Timmermans
13. *Lacan*, de Alain Vanier
14. *Flávio Josefo*, de Denis Lamour
15. *Averróis*, de Ali Benmakhlouf.
16. *Husserl*, de Jean-Michel Salanskis
17. *Os estóicos I*, de Frédérique Ildefonse
18. *Freud*, de Patrick Landman
19. *Lyotard*, de Alberto Gualandi
20. *Pascal*, de Francesco Paolo Adorno
21. *Comte*, de Laurent Fédi
22. *Einstein*, de Michel Paty

EINSTEIN
ou
A criação científica do mundo
MICHEL PATY

Tradução
MÁRIO LARANJEIRA
Revisão técnica e científica
Maria Aparecida Correa

Título original francês: *Einstein, ou, la création scientifique du monde*
© Societé d'Édition Les Belles Lettres, 2000
© Editora Estação Liberdade, 2008, para esta tradução

Preparação de texto e revisão	Tulio Kawata
Projeto gráfico	Edilberto Fernando Verza
Composição	Nobuca Rachi
Capa	Natanael Longo de Oliveira
Editor-adjunto	Heitor Ferraz
Editor responsável	Angel Bojadsen

CIP-BRASIL. CATALOGAÇÃO-NA-FONTE
Sindicato Nacional dos Editores de Livros, RJ.

P345e

Paty, Michel
Einstein/ Michel Paty; tradução de Mário Laranjeira. –
São Paulo : Estação Liberdade, 2008
152p. – (Figuras do saber ; 22)

Tradução de: Einstein, ou, la création scientifique du monde
Inclui bibliografia
ISBN 978-85-7448-136-4

1. Einstein, Albert, 1879-1955 2. Física - Filosofia.
I. Título. II. Título: A criação científica do mundo.
III. Série.

08-0058.   CDD 530.01
                                            CDU 53

Todos os direitos reservados à
Editora Estação Liberdade Ltda.
Rua Dona Elisa, 116 | 01155-030 | São Paulo – SP
Tel.: (11) 3661-2881 | Fax: (11) 3825-4239
http://www.estacaoliberdade.com.br

Sumário

Referências cronológicas   11

1. De um ponto de vista (quase) singular   13

2. A vida de Einstein: um homem no universo e no seu tempo   23

3. Átomos e radiação   39

4. O conflito de dois princípios e o espaço-tempo: eletrodinâmica e teoria da relatividade restrita   49

5. A ausência de peso daquilo que cai e a curvatura do espaço   69

6. O impulso da luz: rumo à teoria dos *quanta*   79

7. Teoria unitária e cosmologia   85

8. As geometrias do espaço   93

9. O Velho que não joga dados   105

10. Da livre invenção   115

11. Pensamento e realidade   125

12. Solidão e responsabilidade   141

Indicações bibliográficas   149

A Maria Aparecida

Referências cronológicas

1879   Nascimento, em Ulm (Prússia), a 14 de março, de Albert Einstein.

1895   Tendo deixado o *Gymnasium* de Munique, instala-se na Suíça para preparar-se para o concurso de ingresso no *Polytechnicum* de Zurique.

1896   É admitido no *Polytechnicum*, onde permanece por quatro anos e encontra Mileva Maric.

1900   Formatura.

1902   Morte do pai, Hermann Einstein. Albert Einstein entra no Escritório das Patentes (Bureau des Brevets) em Berna.

1903   Casa-se com Mileva.

1905   Publica a teoria da relatividade restrita.

1909   É nomeado para a Universidade de Zurique.

1914   Ingressa na Academia Real das Ciências da Prússia e passa a morar em Berlim.

1915   Publica a teoria da relatividade geral.

1919   Divorcia-se de Mileva.

1921   Recebe o prêmio Nobel de Física.

1933   Hitler toma o poder, Einstein renuncia à nacionalidade alemã e parte para os Estados Unidos.

1940   Torna-se cidadão americano.

1946   Engaja-se ativamente no combate à corrida armamentista.
1955   Morre, em Princeton, a 18 de abril.

1
De um ponto de vista (quase) singular

Talvez se venha a dizer, nos tempos futuros, se houver ainda algum interesse pelas questões do conhecimento, que o século XX foi o século de Einstein. E, na verdade, a ciência ainda não terminou de explorar as vias que ele abriu e outras que devem muito a sua contribuição.

A menos espetacular delas, provavelmente, aos olhos do leigo, a física dos átomos e da radiação, à qual ele dedicou suas primeiras pesquisas, foi, no entanto, de importância considerável desde a virada do século XIX para o XX, engendrando nada menos do que a teoria quântica, chave do conhecimento do interior do átomo e da matéria em suas pequeníssimas dimensões.

A teoria da relatividade, que o tornou célebre, levando-o por caminhos inesperados a partir de suas primeiras reflexões de juventude sobre a luz, renovou as noções mais fundamentais sobre as quais se estabelece a física. Essa teoria mostrou, primeiramente, como o espaço e o tempo se interpenetram, recompôs as velocidades, identificou a massa e a energia, mostrando que as leis da física são regidas pelo princípio fundamental de relatividade e de invariância. Era apenas o primeiro momento de uma revelação mais ampla, que generalizou a invariância das leis ao assegurá-la para as transformações de movimentos quaisquer (e não mais restritas aos "de inércia", retilíneos e uniformes). Esse segundo momento foi o mais decisivo e rico de conseqüências.

A teoria da relatividade, explicava o autor, é uma construção de dois níveis, dos quais o segundo (a relatividade geral) foi edificado em seguida e acima do primeiro (a relatividade restrita). Outra metáfora seria a de um foguete de dois estágios elevando-se no céu do pensamento físico: o segundo módulo, lançado pelo impulso do primeiro, estava destinado a ir mais longe, destinado a novas perspectivas teóricas (e também a explorar o espaço do cosmos).

A relatividade geral, ao identificar campos de gravitação e movimentos acelerados, dava ao espaço-tempo uma estrutura determinada pela distribuição das massas que aí se encontram, fontes dos campos, de tal maneira que o espaço aí não pode ser "plano" ou euclidiano, nem uniforme o desenrolar do tempo. No espaço curvo dos campos de gravitação, a luz não segue mais uma linha reta (pode-se ver isso pela imagem deslocada das estrelas nas proximidades do Sol quando dos eclipses), sua cor desvia para o vermelho, e os relógios batem mais lentamente (como se observa nas freqüências das vibrações atômicas e nos períodos dos planetas rápidos).

A relatividade geral abre uma outra via, a da cosmologia, ciência do Universo considerado na sua totalidade e que desenrola diante de nossos olhos (o que Einstein inicialmente não tinha ousado considerar) a história fabulosa de sua evolução. Das perspectivas abertas por sua obra, talvez esta fale ainda mais à imaginação do que as outras, nesse início de um novo milênio em que os homens parecem se sentir apertados em seu planeta.

Provavelmente por essas razões, a imagem que muitas vezes se guarda de Einstein é a de um cientista (ou, no modo mágico, de um demiurgo) que teria aberto as portas do mundo do futuro (um futuro desconhecido e inquietante). Outros o vêem (devido a seu jeito, conhecido pelas fotografias) sob uma luz ainda esotérica, cientista extravagante, longe da vida cotidiana e da maneira comum de pensar. A ciência dos laboratórios é para muitos um mistério. Ou pior, se for na fórmula fatídica $E = mc^2$ que se estiver pensando. Sem contar aqueles que recusam admitir que a ciência pensa e que a identificam aos objetos das técnicas que ela suscitou, a ciência reduzida a uma atividade prática de engenheiros, prosaica transformação de formas materiais, longe do mundo das idéias, dos puros conceitos e, por exemplo, da filosofia, de que ela estaria irremediavelmente separada. Mas essas imagens (ou essas fantasias) não resistem à mais simples tentativa de se informar diretamente.

Seguir, ainda que sem se aprofundar, o pensamento do cientista em seu trabalho de pesquisa é uma aventura que leva também a algumas surpresas. Mas estas são o contrário do estupor em face do milagre: o que então nos espanta é compreender, captar alguma coisa de essencial, encontrar um sentido profundo na obra realizada, sem que seja necessário dominá-la inteiramente nem, é claro, reinventá-la. Mesmo parcial e limitado, este apanhado de sua obra participa da intelecção do mundo que ela realiza. O mais incompreensível, é mais ou menos isso que dizia Einstein, é que o mundo seja inteligível. Descobrimos, ao segui-lo, que efetivamente ele o é. Ao avançarmos pelos caminhos do conhecimento (para nós, aqui, nas pegadas daquele que os abriu), admiramos que o mundo se abra para nós pelo trabalho do pensamento. Dois aspectos aqui são notáveis: trata-se de *trabalho do pensamento* e este *cria*, por assim dizer, formas novas de representação (dos fenômenos, do mundo) que atravessam a escuridão e nos fazem ver mais claramente, mais longe, mais profundamente.

Trabalho do pensamento... A ciência opera por conceitos, ela *pensa*, temos a oportunidade de ver isso nos caminhos desbravados por Einstein. Ela é distinta da filosofia, tais como uma e outra são entendidas hoje, mas isso não as impede de ter pontos comuns, de se parecerem sob alguns aspectos, de, às vezes, caminharem concordantemente. Ambas são conhecimento: uma (a ciência), conhecimento que descreve; a outra (a filosofia), conhecimento que se interroga sobre si mesmo e questiona as suas significações. Mas a primeira, em seu projeto de descrever o mundo, é também interrogação, e não seria nada se não desse um sentido aos elementos de suas descrições ou de suas tentativas de explicação.

Ciência e filosofia exprimem-se ambas pelo discurso (e as experiências ou as fórmulas da primeira, símbolos articulados que exprimem sentido, pertencem também ao mundo da linguagem). Suas línguas e seus discursos são diferentes, mas uma mesma exigência de racionalidade as conduz, e elas podem por isso se entender. Os seus conceitos, embora distintos, com freqüência estão ligados uns aos outros, se for verdade que o senso comum, tirado da experiência da vida, ainda que severamente criticado e modificado em suas formas, continua sendo garantia de inteligibilidade. Pois elas se propõem ambas à compreensão de cada um, sob a condição de percorrer os caminhos, de questão em questão, que a preparam. Experimentam com igual legitimidade, mas cada uma à sua maneira, a necessidade de se questionar sobre o tempo, o espaço, a matéria, de que se informam mutuamente. Acontece ao pesquisador científico, em sua atividade, encontrar problemas tradicionalmente considerados como filosóficos (e a sua cultura é, por vezes, como no caso de Einstein, mas nem sempre, a de um filósofo no sentido próprio).

Trabalho criador do pensamento... Como a poesia ou a arte, a ciência é criação. Apresenta-se, ao pesquisador que a ela se consagra, como representação do mundo: mas ele sabe que é incompleta e se propõe a transformá-la. Ele apóia-se, para fazer isso, nos elementos disponíveis em seu tempo, cujo conjunto o deixa insatisfeito, e os modifica e recompõe. Quando esse pesquisador se chama Einstein, são subvertidos os próprios fundamentos de nosso universo, com as grandezas físicas e suas significações: o espaço e o tempo são fundidos em sua paleta e logo transmudados com a própria matéria para constituir uma nova geometria do mundo real. A luz e os átomos se dotam de aspectos quânticos que preparam uma nova visão dos objetos materiais. Eis que agora os céus, abertos há quatro séculos, passam a se mover, primeiro sem que se perceba, e a cosmologia, tornada ciência, revela que o estofo do mundo tem uma história, que é a de um desenrolar contínuo do espaço-tempo material.

Essa representação mental, que permite "agarrar" até fisicamente o mundo, formou-se numa cabeça que pensava, não como um demiurgo, mas como um pesquisador, um filósofo ou um artista, um homem em seu tempo. De um ponto quase singular do cosmos, nascimento de um pensamento que diz o mundo..., que cria, no sentido próprio, uma representação do mundo. Essa representação, no caso de Einstein e da ciência moderna, se quer autoconsistente, isto é, que nada exterior a ela, além dos primeiros princípios e conceitos sobre os quais se fundamenta a construção, é requerido para entendê-la.

A teoria da relatividade geral de Einstein propõe-nos por si mesma uma imagem desse gênero: o espaço-tempo material é ao mesmo tempo a forma e o conteúdo (a métrica dá o campo de gravitação em todo ponto). A cosmologia relativista, que se apóia nessa mesma teoria, realiza a imagem em uma dinâmica: esse espaço-tempo material, quadro e substância do mundo, carrega em si as potências de sua transformação, noutras palavras, cria-se a si mesmo. Talvez seja o aspecto mais fascinante da obra científica de Einstein, que seu ato criador de uma representação científica do mundo tenha tornado possível a visão de uma autocriação contínua do mundo. Existe, entre essas duas criações (uma, formação material; a outra, representação da primeira), causalidade e conjunção, mas não identificação, pois a representação simbólica é distinta daquilo que representa. Mas qual é exatamente a sua relação, qual é a natureza dessa criação, pelo pensamento discursivo e racional, de um mundo representado que vem substituir, para o nosso pensamento, o mundo real experimentado e suposto, e que vemos doravante como autocriado?

Este pequeno livro sobre Einstein está centrado, antes de tudo, na questão da criação. Seguindo as linhas diretrizes de sua obra, expressas na linguagem cotidiana, tentaremos abordar o trabalho científico considerando-o como *pensamento* e como *criação*: criação intelectual, criação *científica*. Não existe um paradoxo em falar de criação científica, se for do mundo real que se trata, já que esse mundo preexiste a toda representação que se possa fazer dele? Einstein, que a concebe assim, indica que não há caminho lógico que leve diretamente da experiência do mundo a sua representação, e que, sob esse aspecto, o pensamento é livre e, portanto, criador.

Quem diz liberdade, diz também responsabilidade... O conhecimento como representação do mundo (físico) não é inocente e conduz também à ação sobre este mundo, a qual pode transformá-lo localmente, não em suas leis, por certo, mas em suas formas. Até mesmo, dir-se-á, que esta pode conduzir ($E = mc^2$) à destruição – científica? – do mundo... Portanto, aqui está levantada, como por distração, uma questão de outro gênero, a da responsabilidade do cientista, criador e divulgador (essa questão inclui as da liberdade e da vontade).

Por isso, assim como pelo ato de criação, e pela faculdade de pensar e de compreender (pela inteligibilidade), deixa-se entrever, na verdade, o sujeito de tudo isso, o ser humano (não só enquanto pensador, cérebro e inteligência), dotado de sensibilidade, que viveu, nasceu e morreu numa região muito restrita deste Universo e durante um lapso de tempo (três quartos de século) brevíssimo em face do tempo cósmico. No entanto, como são possíveis tantas significações a partir desse ponto quase singular do espaço-tempo?

"Aqui viveu Albert Einstein" (*Albert Einstein lived here*). Num desenho publicado na primeira página de um periódico quando de sua morte, aparecia um cartaz com esses dizeres, colado num canto do cosmos, sobre a bola Terra, tão pequena agora no Universo das galáxias inumeráveis que não cessam de fugir umas das outras. A imagem é comovente e grave, na medida da dignidade profunda do pensamento humano *livre* em face da natureza no seio da qual ele se mantém. Uma lição desse pensamento, criador de representações de universos, é o seu enraizamento humano que não proíbe, mas, pelo contrário, torna possível, o alargamento dos céus, levando nossos conhecimentos e nossas imaginações rumo a novos desconhecidos...

Mistério de uma obra, na razão, no e diante do Universo onde se engendraram as formas, o pensamento nascido da vida; a vida, da matéria. Se essa obra é criação, no sentido usual do termo, ela carrega em si a originalidade de um estilo, moldado desde a aprendizagem e marcado pela pluralidade das dimensões do ser, tributário (mas sem redução) de um contexto que se estende do círculo dos familiares ao meio científico e até mesmo à história perturbada de todo o planeta. "O homem, na extensão da natureza [...] é um meio entre nada e tudo" (Pascal). Mas, desse lugar, ele lança um gesto para o infinito.

"O essencial na existência de um homem de minha espécie", escrevia Einstein em sua autobiografia intelectual, "consiste naquilo que pensa e na maneira como pensa, não naquilo que faz ou naquilo que experimenta." Admitimo-lo, para ele, mas somente até o ponto em que o pensamento se mostra indissociável da maneira de ser. Nos capítulos seguintes, o essencial será, para seu pensamento, alternada e inseparavelmente, pensamento crítico, criação e reflexão. Mas, primeiro, evocaremos o sujeito desse pensamento e sua história: a vida de Einstein, esboço da vida de um homem no Universo e no seu tempo. Partiremos, pois, do sujeito (para reencontrá-lo em fim de percurso), depois iremos a suas idéias, segundo as articulações do que é pensado, conciliando a ordem do tempo e a dos temas (científicos, epistemológicos, filosóficos), muitas vezes imbricados no pensamento, sobretudo na própria criação.

O primeiro período da obra científica de Einstein (período de juventude, mas já fecundo) coloca-se, desde o princípio, sob o signo do pensamento crítico, pelo qual todo o seu trabalho começa (será uma constante de seu método, de seu estilo de pesquisador científico), reexaminando, em sua demanda de inteligibilidade, o que, muitas vezes, é dado como certo. O sujeito, pois, não está ausente disso, e vê-se aí a ciência – entendendo-se por isso a atividade, o trabalho, científica – ser criação e interpretação, ambas sempre mescladas. Mas a criação, uma vez colocada, não fica prisioneira do mundo de seu autor, escapa à sua maneira particular de ver e vai, de reinterpretações a recriações, transformando-se, em seus novos caminhos.

A ciência não escapa a esse comum destino das coisas que são do mundo. As primeiras criações científicas de Einstein, diretamente oriundas de seu questionamento crítico, concernem à realidade dos átomos, à quantificação da energia da irradiação e à teoria da relatividade restrita, essa última desenvolvida a partir da problematização de uma dificuldade da eletrodinâmica, identificada como um conflito entre dois princípios (o de relatividade e o da constância da velocidade da luz), resolvido pela construção de uma nova cinemática do espaço-tempo.

Mas o autor conserva, às vezes, como que um direito natural de preempção sobre a seqüência da obra que criou, ainda que retomando modificações feitas por outros, que parecem necessárias a seu novo projeto. Continuidade de pensamento e modificação de forma e de método caracterizam a seqüência lógica dessa relatividade restrita, a relatividade geral ou teoria relativista da gravitação, que foi evidentemente criação, para além dos ajustamentos sensíveis de conhecimentos. Iniciada também por uma reflexão crítica sobre as grandezas físicas e as concepções gerais que as condicionam (a equivalência da massa de inércia e da massa gravitacional, traduzida na "ausência de peso daquilo que cai"), ela prossegue por um trabalho sobre as formas matemáticas ("tensor métrico", geometrias não-euclidianas, curvatura do espaço), em decorrência do objetivo físico perseguido.

Outros desenvolvimentos concernem à atribuição de um impulso à luz, que faz dela um corpúsculo, abrindo caminhos para a teoria dos *quanta*, ou ainda para a cosmologia e as tentativas de teoria unitária do campo.

Examinaremos em seguida, com Einstein, depois das obras de criação propriamente ditas, questões que tratam da interpretação, quer dizer, do sentido e da inteligibilidade, debatidas em função de uma posição sobre os problemas epistemológicos e filosóficos do conhecimento: tratam-se das geometrias do espaço, isto é, da relação entre a geometria (matemática) euclidiana ou não-euclidiana e o espaço físico, ou ainda de questões de interpretação da mecânica quântica, referentes a Deus (ou o Velho, segundo a sua denominação familiar), isto é, no modo espinosista, a Natureza, que "não joga dados". Depois, a filosofia propriamente dita, esse momento reflexivo do pensamento criador ou crítico, de que um dos aspectos trata precisamente do problema fundamental do conhecimento aos olhos de Einstein, a livre invenção no pensamento científico racional, que a criação permite. O outro aspecto, complementar, é a relação do pensamento com a realidade, que compreende suas construções, conceituais e teóricas, a natureza das teorias e o papel da experiência, e o estatuto "programático" da afirmação de realismo.

Finalmente, tratar-se-á de novo da pessoa, do sujeito desse pensamento que teremos acompanhado em sua atividade criativa e crítica, através do duplo ponto de vista (que só é antagônico na aparência) da solidão do pensador e criador, e da responsabilidade (da consciência racional, retidão do pensamento, exigência de lucidez, por certo, mas também da obrigação moral e da atitude ética). O que poderá ser uma conclusão, se a criação científica do mundo possui alguma verdade e implica a presença neste mundo.

Duas observações, para concluir esta introdução. A primeira: Einstein continua sendo o cientista da época contemporânea cujas descobertas provavelmente mais fecundaram e determinaram a física atual, em suas concepções e em suas direções mais fundamentais (o que não tira nada das outras contribuições essenciais, e não quer dizer que ele nunca se enganou). A segunda: as novas concepções provenientes da teoria da relatividade e da física quântica acarretaram substanciais questionamentos acerca de nossa representação do mundo, inclusive no que concerne às pressuposições da própria idéia de tal representação.

2
A vida de Einstein
Um homem no universo e no seu tempo

Albert Einstein nasceu no dia 14 de março de 1879, em Ulm, na Prússia, numa família judia pouco praticante, enraizada havia muito tempo na Alemanha. Sua mãe, Pauline, cujo sobrenome de solteira era Koch, desenvolveu nele o gosto pela música (tocou violino muito bem e seu senso artístico se manifestaria também em seu próprio estilo de homem de ciência, marcado por uma profunda sensibilidade estética). O pai, Hermann, teve de trabalhar desde cedo para sustentar a família e não pôde cultivar sua inclinação para as ciências. Inicialmente foi comerciante, depois se lançou com um de seus jovens irmãos, Jakob, que estudara engenharia, numa empresa de instalações elétricas que levou toda a família a se deslocar para Munique uns dois anos após o nascimento de Albert e, mais tarde, em 1894, para a Itália, para Milão e Pavia. O negócio terminou num fracasso, seguido de outros, mostrando que os dois irmãos eram pouco dotados para a aventura industrial. Os recursos familiares foram engolidos por falências sucessivas, e a família de Albert conheceu muitas vezes o desconforto. Quando, por fim, a situação melhorou, Hermann não pôde aproveitar: morreu de doença cardíaca em outubro de 1902, cedo demais, também, para saborear os primeiros sucessos científicos que o filho alcançaria alguns anos depois. Albert teve uma irmã mais nova, Maja, que escreveu mais tarde sobre o irmão uma pequena biografia a partir de suas lembranças da infância.

Albert começou a falar relativamente tarde, a tal ponto que se temeu por algum tempo que ele fosse anormal. Não se integrava com facilidade às brincadeiras das outras crianças, a não ser para arbitrar as suas disputas a pedido delas, sinal (conforme o que relata a irmã com terna ironia) de uma autoridade já afirmada e reconhecida em matéria de objetividade e de senso de justiça. Maja Einstein-Winteler lembra como "a precoce profundeza de seu pensamento se manifestava também na maneira estranha que ele tinha de repetir cada frase (por mais comum e cotidiana que fosse) uma segunda vez para si mesmo, em voz baixa, mal movendo os lábios", costume que só abandonou aos sete anos de idade. Muito cedo deu provas, em diversas ocasiões, de uma disposição natural para a independência, que permaneceria um dos traços principais de seu caráter, o outro sendo a sua excepcional capacidade de concentração quando se confrontava com um problema, indiferente ao ruído e às conversas a seu redor.

Apesar de sua inteligência já vivaz, ele não foi o que se chama de aluno brilhante. Como sempre tomava, desde os verdes anos, o tempo de refletir (antes de emitir julgamentos seguros e aprofundados), os que o cercavam tachavam-no de "lerdo", e seus mestres o tinham como "medianamente dotado". Um de seus professores chegou até a dizer-lhe que "nunca se tiraria dele nada de bom". Mas o que importava para o menino, depois para o adolescente (e, mais tarde, para o homem adulto), era a experiência interiorizada que ele mesmo fazia do conhecimento e de seu próprio pensamento e que nenhuma atitude autoritária ou normativa jamais poderia entender. Einstein contou como tinha ficado pela primeira vez maravilhado com algo de natureza científica na idade de quatro ou cinco anos, quando seu pai lhe mostrou uma bússola: o movimento sem causa aparente da agulha "deixou-lhe uma impressão profunda e durável", o sentimento de que "devia haver por trás das coisas algo profundamente escondido". Ele vivia o seu primeiro espanto, sinal de um conflito entre a experiência e um "mundo conceitual solidamente arraigado em nós", mas destinado, assim, a se transformar, como numa "tentativa de todos os instantes para escapar do milagre".

Embora seus pais não fossem religiosos, ele foi um menino praticante e piedoso até os doze anos, e conheceu então um "ímpeto quase fanático de livre pensamento", que o fez rejeitar as idéias religiosas como mistificadoras. Posteriormente tornou-se mais tolerante, sem, entretanto, abandonar nada de seu ceticismo, animado pela convicção de que a liberdade interior e a certeza não poderiam vir senão da contemplação e da compreensão deste mundo, "que existe independentemente dos homens e se ergue diante de nós como um enigma, grande e eterno, mas parcialmente acessível a nossa percepção e a nossa reflexão". Então se sentiu, doravante, em comunhão com aqueles que, na história dos homens, consagraram-se a isso, e a vocação de sua vida foi juntar-se a eles.

Por volta dos doze anos de idade, Albert pediu manuais para aprender as ciências por si mesmo, e descobriu com entusiasmo o rigor dos raciocínios matemáticos num livrinho sobre a geometria euclidiana. A "clareza e a certeza" dos raciocínios geométricos lhe causaram "uma impressão indescritível". Estudava com paixão os teoremas, que se esforçava por demonstrar. A irmã se lembra: "Por dias inteiros ele ficava sentado à parte, ocupado em procurar alguma solução; e nunca desistia antes de tê-la encontrado". Então, "um imenso sentimento de alegria o submergia".

Einstein leu obras de vulgarização, aprendeu as matemáticas avançadas, a geometria algébrica, o cálculo diferencial e integral, e leu, bem cedo, graças a seu tio Jakob, por volta dos dezesseis anos de idade, um manual de física para engenheiros, que o fez conhecer a teoria eletromagnética e as equações de Maxwell que ainda não eram ensinadas nas universidades. Ele deveu a esses conhecimentos extracurriculares as suas primeiras reflexões pessoais sobre as propriedades surpreendentes da luz (o que aconteceria se acompanhássemos um raio luminoso com a mesma velocidade que ele?) e, mais tarde, o emprego que obteve no Escritório de Patentes em Berna. Um judeu polonês, estudante de medicina, paupérrimo, que os Einstein hospedavam, iniciou-o no pensamento filosófico mediante leituras e exercitando a sua mente para encontrar respostas para as questões que levantava. Essa influência foi, talvez, a mais importante nesse período em que sua mente se estava formando. Desde então, Einstein conservará sempre um gosto pronunciado e uma disposição de espírito para as questões de natureza filosófica.

Chocado pelos métodos educativos autoritários e repressivos, impregnados de mentalidade militarista, que vigoravam então na Alemanha e a que teve de se submeter no *Gymnasium* de Munique, fugiu aos dezesseis anos de idade, em 1895, para ir juntar-se à família na Itália, persuadindo os pais de que se prepararia sozinho para o concurso vestibular da Escola Politécnica Confederal (E. T. H.) de Zurique. "Eu era", ele afirma em um de seus textos autobiográficos, "um jovem voluntarioso, mas reservado, que tinha adquirido, trabalhando sozinho, conhecimentos lacunosos, embora muito avançados, em certas áreas." Precisava completar sua instrução nas disciplinas gerais, o que fez durante o ano que passou na escola cantonal de Aarau, na Suíça, na atmosfera livre e estimulante da instituição dirigida por Jost Wintler (lingüista erudito, um dos pioneiros da lingüística moderna), que o acolheu em sua família como um filho.

Albert decidira não voltar à Alemanha, onde teria sido considerado desertor (ele recusava a idéia de fazer lá o serviço militar): renunciou à sua nacionalidade e viveu como apátrida até poder adquirir a nacionalidade suíça, em 1901. Foi admitido no *Polytechnicum* de Zurique, aos dezessete anos, e ali continuou os estudos universitários de 1896 a 1900. Trabalhava à sua maneira, "organizando os estudos em função de [seu] apetite intelectual e de [seus] centros de interesse", preferindo estudar as questões teóricas nos livros e fazer ele próprio as experiências no laboratório. Teve entre os seus professores o matemático Hermann Minkowski, que então nem suspeitava que aquele aluno pouco assíduo às aulas viria a ser o autor de uma teoria física (a relatividade restrita) que lhe daria a oportunidade de desenvolver uma teoria matemática do espaço-tempo. Entre seus condiscípulos figurava o matemático Marcel Grossmann, que lhe emprestava as suas anotações de aulas e ao qual recorreria, mais tarde, para aprender as matemáticas necessárias à elaboração de sua teoria da relatividade geral. Friedrich Adler foi outro colega de estudos e amigo (discípulo do físico e filósofo austríaco Ernst Mach, que se tornaria um dos representantes do "austromarxismo" e dirigente sindicalista).

Zurique, nos anos em que Albert Einstein aí permaneceu como estudante, na virada do século XIX para o século XX, era um lugar de intensa fermentação de idéias em todos os domínios da cultura, da arte, das ciências e da política. Nessa cidade-entroncamento permaneciam, ou por ela passaram, numerosas personalidades notáveis, principalmente revolucionários exilados da Europa central ou da Rússia, como Rosa Luxemburgo (Einstein, que a conheceu, disse a seu respeito que "ela era boa demais para este mundo"), Alexandra Kollontai, Florence Kelley, intelectuais judeus como Martin Buber e Chaim Weizmann (que virá a ser o primeiro presidente do Estado de Israel), sem esquecer os discípulos de Freud – esses revolucionários de outro tipo – que passaram todos por Zurique, pois a Suíça era então o único lugar da Europa favorável à psicanálise.

Einstein não era rico e quase não freqüentava cafés, e certamente não ficou indiferente a esses movimentos de idéias, que correspondiam bastante a seu espírito libertário, mas é difícil avaliar o papel que estes desempenharam na elaboração de seu pensamento. Retenhamos sobretudo que a primeira gestação de suas idéias (também revolucionárias) se deu nesse ambiente rico e profícuo, único em seu tempo. À freqüência a esses cafés ele preferia o estudo e as caminhadas na natureza, nas montanhas próximas, nos fins de semanas e nas férias. Sua condiscípula no *Polytechnicum*, Mileva Maric, uma jovem sérvia, foi também a sua primeira companheira, de quem teve, antes do casamento, uma filha, Liserl, que foi confiada aos pais de Mileva e de quem logo não se teve mais notícia: ela morreu, parece, em tenra idade. Depois da morte do pai, que se opusera resolutamente ao casamento, Albert Einstein e Mileva se casaram, em 1903, e tiveram dois outros filhos, Hans Albert, nascido em 1904, e Eduard, em 1910. Eles se divorciariam mais tarde, em 1919, e Einstein voltaria a casar-se pouco depois com sua prima Elsa, viúva e mãe de duas filhas (ela viria a morrer, em conseqüência de uma doença, em 1936).

Embora obtivesse o diploma em 1900, e já tivesse publicado, no ano seguinte, um artigo de pesquisa de física sobre a capilaridade, a independência de espírito e o caráter íntegro de Einstein não lhe facilitaram o acesso à carreira universitária. Teve de contentar-se com um cargo de engenheiro no Escritório de Patentes, em Berna, obtido com muita dificuldade. Travou amizade com Maurice Solovine e Conrad Habicht: os três formaram, até a dispersão do grupo, a "Academia Olímpia" (de nome "pomposo", que Einstein evocou mais tarde com ternura), pequeno círculo de grande atividade intelectual a que se juntou Michele Besso, que trabalhou também no Escritório de Patentes, e que desempenharia papel importante na vida de Einstein (diretamente, ou, mais tarde, através de sua correspondência), permitindo-lhe pôr à prova várias idéias, como uma "caixa de ressonância". Einstein e seus amigos ali discutiam ciência e filosofia, lendo Espinosa, Hume, Kant, Riemann, Clifford, Mach, Poincaré, assim como outros pensadores que tiveram, de uma maneira ou de outra, uma influência sobre a elaboração de suas idéias.

Apesar das oito horas diárias no Escritório de Patentes, Einstein trabalhava em suas próprias pesquisas. Em 1905, aos 26 anos, publicou quatro artigos nos *Annalen der Physik,* três dos quais eram de importância fundamental: o primeiro, sobre os *quanta* de radiação, cuja abordagem ele renovou na seqüência dos trabalhos efetuados por Planck em 1900; o segundo, sobre o movimento browniano, pelo qual propunha uma fórmula que Jean Perrin verificaria algum tempo depois, demonstrando de maneira decisiva a realidade física dos átomos; o terceiro, sobre a eletrodinâmica dos corpos em movimento, enunciava o que ia ser conhecido como a teoria da relatividade restrita. Uma intensa produção científica seguiu, nessas diversas direções, os trabalhos desse "ano de ouro".

Suas revolucionárias idéias sobre os *quanta* de radiação e sobre o espaço e o tempo demoraram a serem aceitas em todas as suas implicações. Mas a evidente solidez de seu pensamento físico e sua produção científica já considerável valeram-lhe rapidamente a consideração dos meios científicos, sobretudo por intermédio de Max

Planck e de Max von Laüe. Em 1909, foi nomeado professor na Universidade de Zurique, depois, na Universidade de Praga, e voltou a Zurique, ao *Polytechnicum*, em janeiro de 1912. Em 1911, participou do primeiro Conselho Solvay, presidido por Hendrik A. Lorentz (um dos cientistas a quem dedicava a maior admiração); aí conheceu Henri Poincaré (que morreria no ano seguinte), Paul Langevin, Marie Curie, que foram seus amigos. Foi nomeado para a Academia Real das Ciências da Prússia, em abril de 1914, e, a partir de então, permaneceu em Berlim, embora conservasse a nacionalidade suíça. Depois do início da guerra, não se associou ao manifesto nacionalista dos intelectuais alemães e se declarou, pelo contrário, publicamente a favor da cooperação intelectual entre os países em guerra.

Pacifista, encontrou Romain Rolland, que quisera manter-se "acima da peleja" e se refugiara na Suíça. Em seu *Journal des années de guerre* [Diário dos anos de guerra] *(1914-1919)*, o escritor francês descreveu Einstein como "muito vivaz e risonho", não podendo "impedir-se de dar uma forma engraçada aos pensamentos mais sérios", "incrivelmente livre em seus julgamentos sobre a Alemanha, onde viveu". Romain Roland acrescentava:

> como o reduzidíssimo número de espíritos que tinham permanecido livres em meio ao servilismo geral, [Einstein] foi levado, por reação, a ver o pior lado de sua nação e a julgá-la, quase com a severidade dos inimigos de seu país.

Einstein realmente se rejubilou com a derrota do *Kaiser* e com a queda do império alemão, mas lamentou as condições draconianas e humilhantes do Tratado de Versalhes para a Alemanha, que impedia a jovem república, proclamada em Weimar, de esperar conseguir a reconstrução econômica do país. Quando lhe veio a celebridade mundial, em 1919, quis imediatamente colocar a sua notoriedade a serviço da paz, recuperou a cidadania alemã (embora conservasse a nacionalidade suíça) e viajou (a pedido e com o acordo do ministro Walter Rathenau, mais tarde assassinado pelos nazistas) pela França e pela Inglaterra, no início dos anos 1920, a fim de contribuir para o restabelecimento das relações entre as comunidades científicas separadas pela guerra. Foi também, naqueles anos, ao Japão, à Palestina, à Espanha. (Mais tarde, em 1925, faria uma viagem pela América Latina: Argentina, Uruguai, Brasil.)

Em 1919, o mundo todo conhecia seu nome, com o anúncio do resultado da pesquisa sobre a curvatura dos raios luminosos que provinham de estrelas e passavam pela proximidade do Sol, observada por ocasião de um eclipse total, no dia 29 de maio de 1919. A dupla expedição ao golfo da Guiné e ao estado do Ceará, no Brasil, dirigida pelo astrônomo britânico *Sir* Arthur Eddington, sob a égide da Sociedade Real de Astronomia de Londres, confirmava de maneira espetacular a predição de uma teoria (a relatividade geral) enunciada por um físico da Academia de Berlim, Albert Einstein. O caráter insólito e simbólico de tal contexto, logo depois da Grande Guerra, era, talvez, tão surpreendente quanto o próprio resultado. Um sucesso científico de tal alcance, universal e cósmico, ilustrava aquilo a que se poderia chegar com a cooperação dos esforços humanos, da inteligência e da ciência, para além das fronteiras, como uma perfeita antítese das destruições e dos massacres resultantes do enfrentamento dos povos de que o mundo mal acabava de sair.

Einstein frisou isso num artigo sobre a sua teoria que publicou no *Times* de Londres datado de 23 de novembro de 1919, prestando homenagem aos cientistas britânicos que não pouparam, em plena guerra, seus esforços para preparar as condições da verificação de uma teoria elaborada e publicada num país inimigo. O texto comportava uma nota adicional onde propunha, com seu humor característico, outra maneira de conceber a relatividade:

> Descrevem-me hoje na Alemanha como um "cientista alemão" e na Inglaterra como um "judeu suíço". Se o destino viesse a fazer de mim um "bicho-papão", eu me tornaria, ao contrário, um "judeu suíço" para os alemães e um "cientista alemão" para os ingleses.

Seja como for, com sua celebridade, tinha nascido o mito Einstein.

No clima de ressurgência do anti-semitismo do após-guerra, Einstein apoiou a idéia de uma pátria judaica, e acompanhou, em 1921, Chaim Weizmann aos Estados Unidos para captar fundos com vistas à criação de uma Universidade Hebraica em Jerusalém. Recebeu, em 1922, o prêmio Nobel de Física de 1921, "por suas contribuições à física teórica e, em particular, por sua descoberta da lei do efeito fotoelétrico": a relatividade, que não era mencionada expressamente, era ainda controvertida.

Com a ascensão de Hitler, Einstein, que se encontrava no estrangeiro, decidiu não voltar para a Alemanha. Opôs-se resolutamente ao nazismo, renunciando ao pacifismo que estimava não ser mais cabível nas condições presentes, demitiu-se da Academia de Berlim e renunciou definitivamente à nacionalidade alemã. Em seguida, manteve sempre a acusação à Alemanha pelos crimes cometidos contra a humanidade. Confiscados os seus bens, queimados os seus livros em autos-de-fé, atadas ao pelourinho as suas teorias (denunciavam-se as *idéias decadentes* e a *física judaica*), ele embarcou, em outubro de 1933, para os Estados Unidos, depois de ter permanecido algum tempo na Bélgica, em Coq-sur-Mer (tinha laços de amizade com a rainha Elisabeth e com o rei Albert), e lá ficou até o fim da vida, no Instituto de Estudos Avançados recém-criado em Princeton. Prestou juramento à Constituição dos Estados Unidos, com sua nora Margot e a secretária Helen Dukas, em 1º de outubro de 1940, e se tornou cidadão americano.

Em 1938, em conseqüência de uma série de trabalhos ilustrados principalmente por nomes como Frédéric e Irène Juliot-Curie, Enrico Fermi, Lise Meitner e outros, Otto Hahn e Hans Strassman colocaram em evidência a fissão do núcleo de urânio, deixando entrever a possibilidade de uma utilização da energia contida na matéria, segundo a relação $E = mc^2$, descoberta mais de trinta anos antes por Einstein. A pedido de outros físicos europeus refugiados nos Estados Unidos, Leo Szilard, Eugen Wigner e Edward Teller, Einstein endereçou uma carta ao presidente Roosevelt, no dia 2 de outubro de 1939, em que chamava sua atenção para a possibilidade de que engenhos bélicos de destruição em massa fossem desenvolvidos utilizando a energia atômica, frisando o perigo que isso representaria para o mundo e para a civilização se os dirigentes da Alemanha nazista dispusessem deles. A carta demorou a surtir efeito. O governo dos Estados Unidos tomou a decisão de fabricar a bomba em 6 de dezembro de 1941, às vésperas de Pearl Harbour. Mas Einstein não esteve associado aos trabalhos do Laboratório de Los Alamos criado para esse fim.

Após a Segunda Guerra Mundial e os bombardeios trágicos de Hiroshima e de Nagasaki, ele de novo militou a favor da paz e não poupou, até a morte, esforços para chamar a atenção sobre o perigo da corrida armamentista, preconizando uma entidade supragovernamental de controle e de decisão na matéria e fazendo apelo, com o filósofo britânico Bertrand Russell, à responsabilidade social dos cientistas. No momento do macarthismo, defendeu publicamente a recusa de depor ante a Comissão para Investigação de Atividades Antiamericanas. Einstein morreu em Princeton, no dia 18 de abril de 1955, aos 76 anos, tendo tomado a parte que lhe cabia nos engajamentos mais nobres e mais lúcidos num século particularmente movimentado. Tendo atingido a celebridade, tornou-se, ainda em vida, objeto de uma verdadeira mitologia. Quaisquer que sejam as razões que o fizeram nascer e o favoreceram (novo papel da ciência na sociedade, riscos e perigos das aplicações tecnológicas, desafio de caráter inédito lançado pela ciência e pela técnica à cultura, importância acrescida dos meios de comunicação próprios para ampliá-lo...), o mito de "Einstein, a Ciência" continua a funcionar no imaginário social. Einstein aceitou o mito para fazê-lo servir às causas que lhe pareciam justas (humanas, sociais, políticas), mas nunca se deixou enganar por ele, e sempre soube preservar sua independência e sua originalidade, mantendo um distanciamento lúcido.

Em todas as circunstâncias, ele conservara sempre seu humor e sua modéstia inatos, aliados a uma rara simplicidade. São eles, talvez, que inicialmente nos permitem encontrar o homem sob a imagem mítica. Na estréia da projeção de *Luzes da cidade*, para a qual Chaplin havia convidado Einstein, o público, ao reconhecê-los, aclamou a ambos, e Carlitos disse então a Einstein: "Se aplaudem o senhor, é porque ninguém o entende, e a mim, é porque todo o mundo me entende". A observação ácida de Chaplin é, sem dúvida, apropriada ao mito que faz do cientista uma figura do esoterismo, e as pessoas imaginam muitas vezes, é verdade, Einstein assim.

Entretanto, esoterismo e simplicidade não vão bem juntos, e a celebridade de Einstein foi também a percepção, por um grande número de pessoas, de sua profunda humanidade, a se julgar pela confiança que ele inspirava a tantos correspondentes que lhe escreviam do mundo inteiro. Eles queriam a sua opinião sobre assuntos muitas vezes bem afastados da física. Um rabino do Brooklyn o interrogava sobre a filosofia de Maimônides, um humilde cidadão da Índia lhe exprimia seu desejo de abraçar uma carreira científica. A uma estudante que lhe confiava suas dificuldades em matemática, respondeu que não se preocupasse, que as dele eram ainda maiores. (Sabemos que era sincero ao escrever isso, pois se confrontava havia anos com dificuldades consideráveis em suas tentativas de formular as equações de um campo unitário. É evidente que a desproporção das dificuldades é tal que a resposta nos faz sorrir. Mas Einstein certamente não via nisso uma grande diferença: em todo caso, ele a incitava a perseverar com coragem, como ele.)

Einstein não acreditava que as teorias em que tinha trabalhado fossem incompreensíveis para o público e reservadas a um pequeno número de iniciados. Esforçou-se, pelo contrário, para fazer entender as suas idéias fundamentais, que se referem a questões que todos podem levantar e que se vinculam a interrogações de caráter filosófico, quer se trate da natureza, do pensamento, da relação entre elas. Sobretudo, ele tinha da pesquisa científica uma concepção que lhe era peculiar: a de uma busca individual em que nunca se está seguro do sucesso. Ele próprio tinha o sentimento de um fracasso no que concerne às pesquisas dos trinta últimos anos de sua vida: no sentido, pelo menos, de que não chegou ao resultado final na direção que teria desejado. A atitude própria a uma busca dessa espécie era o contrário de um elitismo: uma disponibilidade de espírito, uma preocupação que ele não hesitava em dizer de ordem espiritual, mas sem idealismo (no sentido filosófico), visto que ela concernia ao mundo real e só a ele. Escrevia à sua irmã Maja, em 1936: "Como no tempo de minha juventude, sento-me num lugar e, sem fim, reflito e calculo, esperando exumar profundos segredos".

Como contrapartida por seu sucesso, Einstein foi regularmente atacado, em vida e depois da morte, tanto por ter idéias absurdas como por não ser o autor delas. Hoje alguns pretendem que as formas e as modalidades da pesquisa científica atual não têm mais nada a ver com aquelas que ele praticava. Ao cientista trabalhando sozinho e à idéia de criação, opõem uma pesquisa coletiva, organizada, cujos métodos se aparentam aos da grande indústria, e o caráter social da atividade de pesquisa científica é colocado no rol das forças produtivas (mas as representações assim elaboradas teriam por isso cessado de pertencer ao mundo do pensamento?). Às pesquisas teóricas de Einstein, orientadas pela preocupação de uma unidade do mundo físico, eles objetam que a direção tomada pelos desenvolvimentos da física é diferente daquela que ele teria desejado (entretanto, esses desenvolvimentos se fundamentam naquela física quântica e naquela teoria da relatividade que ele contribuiu amplamente para criar). Outros, ou os mesmos, denunciam a idéia de pesquisa da verdade como utopia ilusória e ancestral (mas para obter qual ciência, no final das contas?).

Einstein afirmou uma separação radical entre a sua pesquisa intelectual e o que poderíamos chamar de seu humanismo:

> Meu trabalho científico tem como motor uma irresistível e ardente vontade de compreender os segredos da natureza, e nenhum outro sentimento. Meu amor pela justiça e a luta para contribuir para a melhoria das condições de vida dos homens são totalmente independentes de meus interesses científicos.

No entanto, ao seguirmos a elaboração de sua obra criativa em ciência e sua reflexão crítica, científica e filosófica, como também sua concepção da responsabilidade social e a maneira como ele a viveu, ficamos impressionados pela mesma atitude de engajamento total e pelo mesmo espírito de rigor e de lucidez que o animaram nesses domínios, e que conferem a suas intervenções em cada um deles a marca da autenticidade. É que o conhecimento como busca da verdade depende também de uma escolha sobre a vida que lhe impregna a significação profunda e a impede de ficar reduzida a proposições impessoais, no sentido em que estas estariam desvinculadas de um pensamento (humano) que as enuncia ou que as entende. O que para nós é, depois de tudo, uma grande lição de filosofia.

3
Átomos e radiação

Einstein dirigiu-se, pois, apesar das dificuldades para obter uma colocação universitária, para a pesquisa científica. Mesmo trabalhando no exame dos procedimentos e invenções técnicas submetidos ao Escritório de Patentes, ele preparou, simultaneamente, os seus primeiros trabalhos. Como as bibliotecas universitárias ficavam fechadas fora das horas de trabalho no escritório, não lhe era fácil estar a par das publicações recentes, e aconteceu-lhe encontrar por si mesmo resultados procurados ao mesmo tempo por outros pesquisadores, e não dos menores, como Josiah Willard Gibbs, em termodinâmica, ou Hendrik Antoon Lorentz e Henri Poincaré em eletrodinâmica.

Um dos temas de pesquisas, por certo o mais importante a seu ver, mas sobre o qual encontrou de início menos pontos de apoio, era a teoria eletromagnética da luz e a eletrodinâmica. Nada publicou sobre esse tema até 1905, quando divulgou, sob uma forma notavelmente acabada, seu artigo "Sobre a eletrodinâmica dos corpos em movimento", isto é, a sua teoria da relatividade restrita, como ele a denominaria alguns anos mais tarde (para distingui-la da teoria da relatividade geral então em fase de preparação). Sabemos, entretanto, por sua correspondência, que trabalhou nela desde o início, esperando em várias ocasiões estar em condição de publicar proximamente um resultado teórico importante. Mas esse resultado demorou e Einstein publicou, entrementes, aqueles, mais imediatos, de suas outras pesquisas.

Desde 1901, começou a publicar regularmente, nos *Annalen der Physik*, uma das melhores revistas especializadas da época, estudos sobre diversos temas de física. Os primeiros tratavam da capilaridade, das propriedades dos sais elétricos em solução, da teoria cinética dos gases e da termodinâmica. Todos esses temas tinham em comum referirem-se à explicação de propriedades físicas com o auxílio da hipótese molecular, que ainda não era considerada, naquele tempo, um fato aceito.

Einstein estava preocupado sobretudo com as relações entre a termodinâmica e a mecânica estatística, em particular a teoria cinética, na linhagem dos trabalhos anteriores de Ludwig Boltzmann, que o tinham impressionado muito. Ele iria sempre considerar a termodinâmica uma das ciências físicas mais seguras, graças à sua formulação fundamentada nos dois princípios da conservação da energia e da irreversibilidade (ou crescimento da entropia para um sistema fechado). Via esse último como a tradução da impossibilidade do movimento perpétuo, atestada por uma multidão de fenômenos e de observações. A questão levantada a partir dos trabalhos de Boltzmann era a de saber até que ponto a mecânica poderia dar uma explicação satisfatória dos fenômenos termodinâmicos.

Nos três estudos que realizou sobre esse tema, de 1902 a 1904, foi levado a reinterpretar a termodinâmica no sentido de Boltzmann, tal como era admitida correntemente. Ela comportava uma relação fundamental, ligando a função entropia (S representando o grau de ordem do estado de um sistema físico) a certa probabilidade desse estado (W)[1], que permitia dar conta dos equilíbrios em teoria do calor. Einstein a considerava, por isso, de validade geral. Ela devia, a seu ver, ser colocada no rol dos princípios gerais da física, e batizou-a, aliás, como "princípio de Boltzmann". Entretanto, a interpretação desse princípio não era unânime e deixava, para o seu gosto, ainda a desejar. De um lado, a probabilidade que nele figura era considerada, em geral, como uma simples função matemática, ligada ao estado de dado sistema físico. De outro, o princípio de Boltzmann era muito mais rico de implicações do ponto de vista físico do que se considerava até então, e isto se deve, aliás, à necessidade de se dar uma significação física, e não somente matemática, à probabilidade.

Em lugar de ver, como o fazia, por exemplo, Max Planck (discípulo de Boltzmann), na probabilidade para um estado físico uma simples enumeração de suas configurações moleculares elementares, supostas de igual probabilidade individual, Einstein propôs considerá-la como a freqüência efetiva desse estado na evolução no decurso do tempo do sistema físico considerado. A partir daí, o "princípio de Boltzmann" conduzia a conseqüências físicas que não tinham aparecido na interpretação anterior, sendo a conseqüência principal o fato de que as freqüências de estado, correspondendo a valores médios, implicam flutuações em torno desses valores. Einstein atribuía, assim, à constante de Boltzmann (k) a significação (física) de exprimir a estabilidade térmica de um sistema. Com a reinterpretação estatística da probabilidade, ele se dava uma ferramenta (conceitual e de cálculo teórico) que se

---

1. $S = k \log W$, sendo k a constante de Boltzmann. Citemos um exemplo simples de estado físico: um volume de gás separado em duas partes que se comunicam, contendo cada um certo número de moléculas. Uma distribuição diferente das moléculas corresponde a um outro estado do mesmo sistema.

verificaria extremamente eficiente em suas mãos, nos dois domínios dos fenômenos moleculares e nos da radiação luminosa emitida e absorvida por corpos.

Foi por aí, com efeito, que ele foi caminhou diretamente a duas de suas três grandes descobertas do ano de 1905. A primeira era a explicação do movimento aleatório de partículas macroscópicas em suspensão num líquido (conhecido como "movimento browniano"), relacionado com a agitação térmica das moléculas subjacentes... Einstein viu nisso uma manifestação direta de flutuações em torno do equilíbrio, que permitiriam determinar as dimensões atômicas e, por esse fato, fornecer a prova da existência efetiva dos átomos. Sua teoria foi verificada algum tempo mais tarde por Jean Perrin.

Sua segunda descoberta foi a qualificação da energia da radiação eletromagnética que abria plenamente a era da física dos *quanta*, entreaberta alguns anos antes pelos trabalhos de Planck. Este último, estudando a radiação luminosa emitida e reabsorvida no estado de equilíbrio por corpos que aquecem (o "corpo negro"), fora levado a formular, em 1900, a hipótese de um "*quantum* elementar de ação" (que Einstein chamou de "constante de Planck"), cuja significação era a seguinte: as trocas de energia entre a matéria e a radiação se dão por "quantidades discretas" (descontínuas), múltiplas de uma quantidade elementar para cada uma das freqüências (V, ou comprimento de ondas, λ) da radiação.[2] Mas Planck pensava que a própria energia da radiação permanecia contínua, de acordo com a teoria eletromagnética

---

2. Em teoria das ondas, $\lambda = 2\pi cT$, isto é, $\frac{2\pi c}{v}$ ($v = \frac{1}{T}$, sendo T o período e c a velocidade da luz no vácuo). As trocas elementares de energia são, segundo a hipótese de Planck: $\Delta E = nhv$, sendo n um número inteiro; isso limita as trocas de energia possíveis em relação a uma distribuição contínua.

(clássica), e esperou durante muito tempo poder demonstrar que a descontinuidade não era o fato da própria radiação, mas devia ser atribuída à interação entre a matéria e a radiação.

Ao apresentar, em 1905, um "ponto de vista heurístico sobre a produção e a transformação da luz", Einstein seguiu outra via, independente. Refletiu sobre os princípios que regem a radiação e a termodinâmica, preocupado em saber até que ponto a segunda é adequada à primeira nos fenômenos térmicos. Propondo um cálculo simples baseado no "princípio de Boltzmann" para radiação luminosa contida num ambiente com o qual está em equilíbrio (a emissão é compensada pela absorção), ele encontrou um resultado (para a variação da entropia) da mesma forma que o de um gás encerrado no mesmo volume. Fora, pois, naturalmente conduzido a identificar as grandezas concernidas em cada um dos casos e a propor que a *própria energia da radiação* é quantificada, variando por quantidades discretas, proporcionais à freqüência.[3]

Einstein percebeu então que essa hipótese da granularidade (ou quantificação) da energia dava uma explicação imediata e simples a vários fenômenos, a fotoluminescência, a fotoionização e o efeito fotoelétrico (observado anteriormente por Hertz, e que consiste na emissão de elétrons por um metal sob a ação da luz), que não se entendia até então, no âmbito da teoria eletromagnética clássica (por causa de descontinuidades tais como limiares de energia). A respeito do efeito fotoelétrico, a hipótese de Einstein acarretava predições suplementares sobre a energia e o alcance dos elétrons emitidos em função da freqüência da luz incidente que não poderiam ser verificadas senão bem mais tarde. Elas o seriam em 1916, por Robert Millikan, contra sua vontade, pois

---

3. Segundo a fórmula, $E = h\nu$, sendo h a constante de Planck.

teria, como muitos, preferido a teoria clássica das mudanças contínuas de energia.

Retenhamos já vários traços característicos da maneira de Einstein (de seu "estilo científico"), que voltaremos a encontrar constantemente em seguida. Ele começa por interrogar de maneira crítica as teorias disponíveis, em relação a certos caracteres gerais dos fenômenos de que elas deveriam tratar, procurando assim indicações, seja sobre insuficiências teóricas, seja sobre propriedades gerais desses fenômenos, passadas até então despercebidas. Muitas vezes, testa essas teorias uma com a outra, enunciando o que cada uma tem de certamente válido, e servindo-se disso como meio de avaliar tais e tais aspectos da outra. Os pontos de partida de seu trabalho não são os resultados de experiências particulares, e ele invoca preferencialmente os traços gerais dos fenômenos, tal como ressaltam as múltiplas observações; portanto, factuais, mas cuja significação ultrapassa a especificidade de cada um deles. Seus trabalhos teóricos conduzem em geral a resultados (quer gerais, quer particulares) experimentalmente testáveis, e acreditou-se por isso que ele era, em suas primeiras pesquisas, motivado por preocupações empíricas. Não é o caso, e, aliás, as predições teóricas que ele privilegia são o mais das vezes de longo alcance: elas só serão verificadas longos anos depois.

Seu trabalho, sobre esses assuntos de aparência muito "técnica", aparece orientado antes de tudo para uma análise das "bases fundamentais" das teorias e do conteúdo físico dos conceitos ou grandezas que estão em jogo nos fenômenos considerados. Ele próprio diria, a propósito de suas pesquisas daqueles anos, sobre os fenômenos radiativos e atômicos, que se sentia "menos concernido pelas conseqüências pormenorizadas dos resultados de Planck, por mais importantes que fossem", do que pela seguinte questão: "Que conclusões gerais se podiam tirar da fórmula da radiação relativamente à estrutura desta última", e até mesmo, de modo mais geral, aos fundamentos da teoria física no que diz respeito ao eletromagnetismo.

Einstein aprofundou, no ano seguinte, seu estudo dos problemas da radiação e tornou evidente a incompatibilidade entre a hipótese dos *quanta*, tanto a de Planck como a sua, e a teoria clássica da radiação. Mostrou, por um cálculo de flutuações, que o raciocínio de Planck equivalia a combinar hipóteses contraditórias segundo as perspectivas teóricas admitidas: uma parte da energia (calculada pela teoria eletromagnética de Maxwell) era contínua, ao passo que uma outra (puramente estática) era discreta. Essa contradição (de que felizmente Planck não tivera consciência, sem o que não teria provavelmente formulado a sua hipótese) encerrava um conflito entre a teoria eletromagnética e a mecânica estática, que mostravam aqui os seus limites e não eram, pois, provavelmente, válidas senão a título de aproximação. Essas reflexões, que o preocupavam havia algum tempo, desempenharam, talvez, um papel em outro questionamento da eletrodinâmica e da mecânica que Einstein fez por volta da mesma época, com a sua teoria da relatividade (restrita).

Einstein não questionava a hipótese do *quantum* de ação de Planck, que lhe parecia inevitável, e de que ele próprio propunha uma interpretação mais radical (a quantificação da *energia* da radiação). Via nisso um indicador da necessidade de modificar substancialmente a teoria eletromagnética (o que nenhum outro até então estava pronto para aceitar). Desse período até o início dos anos 1920, ele se encontrou nos postos avançados da teoria quântica, da física do átomo e da radiação, estando muito em avanço em relação a outros físicos, que hesitavam diante da idéia de mudarem de teoria quando, em face da poderosa teoria eletromagnética, nenhuma teoria alternativa equivalente estava em vista. Foi a ele que coube, graças a sua intrepidez intelectual e a seu método "heurístico-crítico" tornar evidentes os caracteres mais novos (e, na verdade, bem singulares) aos quais uma teoria futura deveria satisfazer, e indicar o caminho de uma saída possível (no fim do ano de 1916).

Tendo-se persuadido do caráter geral e fundamental da hipótese quântica, Einstein propôs estendê-la "a outros domínios da teoria do calor" e, em particular, aos calores específicos dos sólidos, que também apresentavam dificuldades quando se lhes aplicava a teoria cinética molecular. Ele tentou, pois, o remédio quântico aplicando-o à estrutura molecular dos corpos, no caso, aos átomos que emitem e absorvem a radiação, tratados por ele como "ressoadores de Planck". Obteve com isso predições sobre o comportamento do calor específico em função da temperatura absoluta (ela se anula no zero absoluto, contrariamente à lei clássica de Dulong e de Petit), predições que Walter Nernst verificou algum tempo depois experimentalmente, o que fez muito para que se aceitassem "os *quanta* de Planck" (aqueles das trocas de energia). Essa extensão do domínio dos *quanta* (em que trabalhou de 1907 a 1911) resultava na modificação da teoria cinética molecular, mas nada dizia sobre a teoria da radiação em si mesma, nem sobre a significação profunda dos *quanta*. Niels Bohr se apoiaria nela para desenvolver, a partir de 1913, a sua teoria das órbitas eletrônicas quantificadas do átomo.

Retomando, em 1909, a fórmula de Planck da "radiação negra" (como se dizia então), Einstein calculou, a partir dela, as flutuações de certa grandeza ligada à energia e achou que sua expressão continha um termo de interferência (como é normal para ondas) e um outro termo, ordinariamente estranho à radiação, de natureza corpuscular. Essa "dualidade" prolongava as suas observações anteriores sobre a "inconsistência" presente no raciocínio de Planck, ultrapassando, todavia, a simples constatação de uma insuficiência das teorias afirmando um caráter (positivo) da radiação: seu duplo caráter ondulatório e "quântico" (para não dizer de novo corpuscular). Mas isso não fornecia uma verdadeira pista sobre a teoria futura que, a seu ver, era extremamente necessária.

Interrompemos aqui momentaneamente a narração da marcha de Einstein rumo a uma primeira formulação da teoria quântica para voltar ao ano de 1905 e a seu terceiro resultado fundamental, a teoria da relatividade restrita.

4
O conflito de dois princípios e o espaço-tempo
Eletrodinâmica e teoria da relatividade restrita

Os fenômenos e as teorias em jogo no trabalho de Einstein de 1905 sobre a eletrodinâmica e a relatividade restrita são diferentes dos anteriores, mas é um procedimento semelhante que o conduz: consiste, também aqui, em considerar o aspecto fundamental do problema colocado do ponto de vista teórico, concedendo um lugar central a proposições que dizem respeito a propriedades gerais elevadas ao renque de "princípios". Tratava-se, nas primeiras pesquisas mencionadas acima, do segundo princípio da termodinâmica e do "princípio de Boltzmann"; lidamos aqui com o *princípio de relatividade* e com o *princípio de constância da velocidade da luz* (independentemente do movimento de sua fonte).

Em todos esses trabalhos, como aliás nos que se seguiriam, tanto na direção da teoria quântica como na da teoria da relatividade geral, Einstein guiava-se por uma busca de princípios fundamentados quer nas leis gerais dos fenômenos da natureza, quer em certas exigências teóricas que lhe pareciam indispensáveis. Sua maneira de chegar a resultados (o que se pode chamar de seu "estilo" de físico teórico) era tirar todas as conseqüências e implicações desses princípios para as grandezas físicas em jogo e para a teoria que as faz intervir. Essa preocupação primeira pelo "fundamental" é em si todo um programa. Vamos olhar mais de perto, para ver como funciona esse pensamento.

Ao seguirmos a elaboração daquilo que se convencionará chamar de "teoria da relatividade restrita", acompanharemos a constituição de um objeto teórico antes não formulado e não existente, que foi, durante muito tempo, difícil formular com toda a clareza, como as dificuldades ulteriores de recepção e de interpretação da teoria mostraram: a começar pela de formular exatamente o que faz a diferença e a originalidade da teoria de Einstein com relação a outras, propostas mais ou menos ao mesmo tempo e independentemente por Hendrik Antoon Lorentz (em 1904) e por Henri Poincaré (em 1905). Essas teorias são equivalentes à sua no que concerne às fórmulas e aos testes experimentais.

Mas uma teoria não se reduz somente às suas fórmulas. É feita igualmente do conteúdo físico das grandezas que ela faz intervir, e de sua organização, que constitui a estrutura da teoria. Evocaremos primeiro o procedimento de Einstein, atendo-nos a alguns aspectos das circunstâncias efetivas da gênese de seu trabalho e de suas idéias, que são esclarecedores sobre o tipo de pensamento que é a *criação* científica. Voltaremos em seguida ao aspecto "estrutural" de sua teoria, comparando-a às de Lorentz e de Poincaré. A comparação nos será útil para compreender de que fala exatamente a teoria de Einstein: do espaço e do tempo, ou da eletrodinâmica (objeto inicial de seu trabalho e título de seu artigo), ou dos dois, e como?

Seu ponto de partida, em todo caso, não foi uma preocupação particular com o espaço e com o tempo, cuja reformulação constituiu, de fato, o âmago da teoria da relatividade restrita à qual chegou. Foi, como para muitas outras pesquisas contemporâneas à sua (e, particularmente, as de Lorentz e de Poincaré), o projeto de estabelecer uma teoria da "eletrodinâmica de corpos em movimento" que fosse plenamente satisfatória. A idéia era completar a teoria eletromagnética de James Clerk Maxwell, modificada (em 1895) por Lorentz para levar em conta a realidade dos elétrons e dos efeitos de movimento dos corpos.

Einstein tinha-se interessado muito cedo pela luz e pelos fenômenos eletromagnéticos. Na idade de dezesseis anos, a questão que veio à sua mente foi a de saber que aspecto teria uma onda luminosa para alguém que a perseguisse indo à mesma velocidade que ela (a velocidade da luz). Seria uma onda imóvel, estacionária, sem propagação: vale dizer, algo que não existe. "É assim", lembra-se, "que fiz, bem jovem, a primeira experiência de pensamento concernindo à teoria da relatividade restrita." Ele provavelmente conservou dela essa idéia forte, que constituía a seu ver a essência mesma da teoria eletromagnética da luz, que a velocidade da luz permanece sempre a mesma, qualquer que seja o movimento de sua fonte.

Einstein se preocupou, já nas primeiras pesquisas, com os efeitos do movimento em relação aos fenômenos eletromagnéticos. Conhecia a teoria de Maxwell e admitia com ele que os campos elétricos e magnéticos são estados de um meio, físico mas não material, que preenchia todo o espaço, o "éter eletromagnético". Ao fazer da luz uma onda eletromagnética (oscilações de um campo eletromagnético propagando-se no espaço vazio com uma velocidade constante, que hoje se denota c), Maxwell tinha identificado esse éter e o éter óptico da teoria ondulatória da luz de Augustin Fresnel, lugar das vibrações e da propagação de ondas luminosas.

Maxwell havia deixado em aberto o problema de saber qual era a relação entre o éter e a matéria e, em particular, como o éter se comportava em relação ao movimento dos corpos. Várias teorias concorrentes tinham sido então propostas, entre as quais a de Heinrich Hertz (em 1889), para a qual o éter é totalmente arrastado pelo movimento dos corpos em sua vizinhança, e a de Hendrik A. Lorentz (em 1895), que postulava, ao contrário, um éter totalmente imóvel e independente do movimento dos corpos (como o éter de Fresnel). Quando começou a interessar-se pelo problema, Einstein só conhecia a teoria de Hertz, que adotava: ela tinha a vantagem de respeitar o princípio de relatividade dos movimentos (retilíneos e uniformes, ou "de inércia") da mecânica, o que lhe parecia importante pelas razões que veremos (e isso justificava diretamente a sua intuição de juventude sobre a natureza da luz). Mas a teoria de Hertz apresentava o inconveniente de não concordar com uma das propriedades fundamentais da óptica dos corpos em movimento, conhecida desde Fresnel como "o arrastamento parcial do éter" (ou, mais exatamente, hipótese do "coeficiente de arrastamento" de Fresnel), e verificada com extrema precisão por Hyppolite Fizeau em 1851 e por outros posteriormente. (O coeficiente de Fresnel exprime a modificação sofrida pela velocidade da luz ao atravessar um meio transparente em movimento. Einstein esforçava-se então por resolver essa dificuldade de que esperava chegar a termo, quando teve conhecimento (por volta de 1901-1902) da teoria de Lorentz, de 1895. Achou-a mais convincente do que a de Hertz e retomou em outras bases o seu programa sobre eletrodinâmica.

A teoria de Lorentz tinha uma vantagem considerável sobre a de Hertz: explicava diretamente a experiência de Fizeau, calculando a partir de suas hipóteses (que compreendiam a constituição eletrônica da matéria) as propriedades ópticas dos corpos e, em particular, o coeficiente de Fresnel (é por razões semelhantes que Poincaré havia escolhido igualmente, de seu lado, a teoria de Lorentz em vez da de Hertz, mas Einstein a ignorava). Entretanto, a teoria de Lorentz tinha, aos olhos de Einstein, um inconveniente: ela não respeitava o princípio de relatividade da mecânica, fazendo uma distinção fundamental entre o referencial em repouso absoluto, o do éter (lugar de vibrações eletromagnéticas) e todos os outros em movimento retilíneo e uniforme em relação a ele. (Nesse caso, sua intuição de juventude tomava a forma de um paradoxo: o que vale para o éter não vale para o movimento.)

A maioria dos físicos tinha abandonado, pois, a idéia de conservar o princípio de relatividade fora da mecânica (esta última só fazia apelo aos corpos materiais, ao passo que os fenômenos eletromagnéticos concerniam aos corpos e ao éter, e isso bastava para retirar do princípio a sua legitimidade). Muitos dentre eles pensavam, aliás, em inverter a dependência mútua do eletromagnetismo e da mecânica, fazendo do primeiro a base de toda a física, o que retirava do princípio de relatividade o seu caráter de necessidade.

Ao tomar conhecimento da teoria de Lorentz de 1895, Einstein ficou, pois, preocupado antes de tudo em restabelecer a validade do princípio de relatividade. Tinha três razões para isso, que expôs, aliás, tais como as pensava, desde a introdução de seu artigo de 1905. Vamos expô-las na própria ordem em que ele as propõe, e que reflete, não uma hierarquia dos argumentos, mas a urgência, por assim dizer, com que estas se apresentaram à sua mente para exigir uma solução. A primeira é uma experiência "de pensamento" sobre o fenômeno de "indução eletromagnética" que parece ter tido um papel decisivo. A segunda está relacionada com as experiências de óptica para tornar patente o movimento absoluto da Terra no espaço, cujos resultados tinham sido sempre negativos. A terceira é a força do princípio que vem da mecânica.

A reflexão de Einstein sobre a indução eletromagnética apresenta todos os traços de uma "experiência de pensamento" (um tipo de raciocínio que reencontramos nele mais de uma vez), ainda que se trate de um fenômeno observado correntemente desde a sua descrição por Michael Faraday (e provavelmente o próprio Einstein tivera a oportunidade de se familiarizar com ele por meio de experiências de laboratório quando de seus anos de estudos). A ação recíproca de um ímã e de um condutor em circuito fechado que estão, um em relação ao outro, em movimento relativo gera uma corrente no circuito e esta corrente é a mesma se for o ímã que estiver em movimento e o circuito em repouso ou o inverso. Tal é o fenômeno de indução eletromagnética: ele respeita a relatividade dos movimentos. A teoria de Maxwell-Lorentz permitia dar conta do fenômeno da aparição de uma corrente elétrica no circuito; todavia, ela dava *duas* explicações físicas claramente distintas segundo se considere o circuito ou o ímã como estando em movimento. (É aqui que intervém o aspecto *experiência de pensamento* da reflexão de Einstein, em sua descrição de cada uma das explicações que chegam ao mesmo efeito.)

Quando é o ímã que está em movimento em relação ao circuito em repouso, o campo magnético relativo a este último varia com o tempo, criando um campo elétrico (real) que produz no circuito fechado uma corrente elétrica. Quando é, ao contrário, o circuito condutor que se move, ficando em repouso o ímã, nenhum campo elétrico é produzido, mas é a força eletromotriz de Lorentz, resultante da ação do campo magnético sobre os elétrons movidos à velocidade do circuito, que gera neste uma corrente. O efeito líquido era o mesmo nos dois casos, mas a explicação era diferente para cada um deles, fazendo apelo a mecanismos físicos totalmente distintos.

Einstein sentiu como "insuportável" a idéia de que fenômenos diferentes estivessem em jogo nas duas situações, segundo seu testemunho ulterior, indicando: "A diferença entre os dois, eu estava convicto disso, só podia ser uma diferença na escolha do ponto de vista, e não uma diferença real". O campo elétrico, criado no primeiro caso e não no outro, não podia ter, a seu ver, senão uma existência relativa, quer dizer, o campo elétrico e o campo magnético deviam constituir, na realidade, uma só e mesma entidade, considerada de dois pontos de vista diferentes. (A teoria da relatividade tornava essa unificação evidente ao dar uma expressão das equações de Maxwell simétrica para os dois campos, elétrico e magnético, a única realidade física sendo esses dois campos tomados juntos.) A teoria de Maxwell-Lorentz não fazia essa identificação, porque dava ao referencial em repouso absoluto que era o éter um papel privilegiado em relação aos referenciais em movimento.

De maneira que, como o próprio Einstein iria dizê-lo: "O fenômeno da indução eletromagnética me levava a formular o postulado do princípio de relatividade (restrita)". Ele era reforçado nessa idéia pelas duas outras razões que mencionamos. Em particular, as experiências de óptica (chamadas de "ausência de anisotropia terrestre") constituíam uma coerção forte: tinham mostrado (ao longo de todo o século XIX) que o conjunto das leis da óptica eram invariantes para as transformações devidas aos movimentos de inércia (retilíneos uniformes), o que podia ainda enunciar-se da maneira seguinte: os fenômenos ópticos não permitem tornar evidente um estado de repouso ou de movimento (acontecia, pois, com eles, como com os fenômenos mecânicos).

Ao manifestá-las, Einstein considerava essas experiências todas juntas, fossem elas da "primeira ordem" ou da "segunda ordem" (referência feita à sua precisão em função da relação da velocidade a detectar com a da luz, precisão que era maior no segundo caso[1]). Ele via aí uma indicação forte de que as leis da óptica respeitam sem restrição o princípio de relatividade. (Por contraste, Lorentz e Poincaré, em seus trabalhos paralelos ao de Einstein, davam um tratamento à parte para as experiências da segunda ordem, como a experiência de Michelson e Morley, que eles tomavam como ponto de partida, de natureza empírica, para as suas reformas da mesma teoria).

A teoria de Einstein que viria a ser conhecida sob a denominação "de relatividade restrita" está, pois, centrada em torno do enunciado do "princípio de relatividade", exprimindo que as leis dos fenômenos físicos não dependem do movimento dos corpos que são a sede desses fenômenos (os movimentos considerados sendo sempre os de "inércia"): ele postulava uma validade geral desse princípio, limitado até então do ponto de vista teórico somente à mecânica, e o estendia à óptica e ao eletromagnetismo, por razões que já vimos. Constatando que os *fenômenos* ópticos e eletromagnéticos não mudam quando se passa do repouso ao movimento, disso ele inferia que a teoria que dava conta desses fenômenos (a teoria eletromagnética nascida dos trabalhos de Maxwell) devia respeitar o princípio de relatividade; como ela não o fazia, ele a reformou.

Ao se perguntar como se deveria modificar a eletrodinâmica, Einstein levantava ao mesmo tempo a questão de saber quais eram as características da teoria, em sua forma atual, que deveriam subsistir após tal modificação. A propriedade mais fundamental da teoria eletromagnética tinha sido sempre, a seu ver, a constância da velocidade da luz independentemente do movimento de sua

---

1. $\frac{v}{c}$ (primeira ordem), ou $\frac{v^2}{c^2}$ (segunda ordem).

fonte, mola mestra da teoria de Maxwell. Ela continuaria a impor-se em toda teoria mais satisfatória: ele propôs erigi-la em princípio físico.

Einstein estava, pois, em presença de duas proposições de alcance geral, cada uma das quais resumia, de certo modo, a essência das teorias em conflito nos fenômenos considerados, a mecânica e o eletromagnetismo. De um lado, os *fenômenos* da óptica e do eletromagnetismo (cuja teoria é a mesma) obrigavam a ultrapassar a mecânica, embora respeitando ao mesmo tempo o que é um de seus princípios mais estabelecidos, o princípio de relatividade. De outro lado, era preciso modificar a teoria eletromagnética, mesmo respeitando a sua propriedade mais fundamental, a constância da velocidade da luz. O método já estava encontrado a partir daí: reformar uma pela outra as duas teorias insuficientes, conservando de cada uma a sua propriedade estável, estendida para além de seu domínio inicial e erigida em princípio universal, cada uma das duas teorias devendo respeitar o princípio fundamental da outra. (A teoria eletromagnética devia ser submetida ao princípio de relatividade e a mecânica devia de fato admitir a propagação de ações em velocidade finita, isto é, em tempos diferidos: mas isso só ficou aparente quando a solução foi avistada.)

A formulação do problema era, desde então, de certo modo, muito simples, já que se tinha tornado o da compatibilidade dos dois princípios: o princípio de relatividade, visto dessa maneira, pedia que a velocidade da luz fosse constante qualquer que fosse o estado de movimento ou de repouso dos corpos que emitiam ou recebiam a luz, por certo, mas também do referencial ao qual se fazia referir o movimento. (Vê-se como, formulado nesses termos, o problema ultrapassava aquele colocado no início e o caso da teoria eletromagnética e da mecânica, enunciando uma exigência que transcende as teorias particulares, isto é, as dinâmicas propriamente ditas.)

Nesse estágio de sua reflexão crítica, longamente amadurecida (nós o sabemos por diversos documentos), Einstein identificava a dificuldade do problema tal como o colocava: os dois princípios eram à primeira vista incompatíveis. Com efeito, segundo a teoria de Maxwell (em 1895), a velocidade da luz é constante e independente do movimento da fonte para o éter (imóvel), o que conferia um privilégio a esse sistema de inércia particular, em repouso. Ela não podia ser, portanto, a mesma num sistema em movimento de inércia em relação a este e respeitar o princípio de relatividade: essa era toda a dificuldade, e parecia insuperável. Einstein "ruminou" essa questão (segundo a sua própria expressão) durante longos meses. O que fazia, pois, que os dois princípios fossem incompatíveis?

Tudo parecia indicar que, se a velocidade da luz é constante em um sistema considerado como estando em repouso, seu valor deve ser diferente num sistema em movimento... Era a evidência... Mas, qual evidência, exatamente? Porque as velocidades se adicionam, como Galileu ensinou. E se, entretanto... esta não fosse uma evidência? Em dado momento de sua meditação (algumas semanas antes de formular a solução e de publicar o seu artigo), Einstein percebeu que esses dois princípios só eram incompatíveis porque entre eles se mantinha a proposição implícita de que a fórmula de adição galileana das velocidades, admitida como verdadeira pela mecânica clássica, é universalmente verdadeira (no caso presente, ela se escreveria: $c' = c + v$).[2]

Eles poderiam ser reconciliados caso se abandonasse essa consideração que parecia, entretanto, guiada pelo

---

2. c, velocidade da luz no vácuo e no sistema do éter, c' no sistema em movimento (com a velocidade v) em relação ao éter.

simples bom senso, pela experiência cotidiana... e por três séculos de mecânica... Era preciso, pois, interrogar-se sobre a significação física da velocidade. Quem diz velocidade diz relação do espaço percorrido ao tempo gasto para percorrê-lo, e remete, em mecânica clássica, às definições do espaço e do tempo que Newton tomara tanto cuidado para explicitar – mas que vários pensadores tinham criticado desde então, e mais recentemente Ernst Mach e Henri Poincaré, de quem Einstein lera as obras de epistemologia e de filosofia.

Einstein interrogou-se em primeiro lugar sobre a noção de *simultaneidade*, pensando provavelmente no papel particular da velocidade da luz, ligada à noção de campo. Uma das limitações da mecânica newtoniana lhe parecia ser a idéia de que as ações (por exemplo, a gravitação) entre os corpos são instantâneas; por outro lado, a idéia de simultaneidade absoluta (que vai de par com a de ação instantânea), subjacente no tempo absoluto, tinha sempre parecido evidente, desde Newton. Ora, sabia-se, desde Faraday e Maxwell, que existem ações, como as do campo eletromagnético, com propagação progressiva, isto é, não mais instantâneas, mas com velocidade finita (a da luz). A idéia de simultaneidade tinha ficado, entretanto, até então sem modificação. A reflexão de Einstein aplicou-se em primeiro lugar a essa questão e, lembrando-se dos ensinamentos de Mach e de Poincaré sobre a relatividade do tempo e do espaço, efetuou uma crítica da simultaneidade absoluta, que ele prolongou numa elaboração nova dessas noções, para estarem em conformidade com outras concepções da física. (Einstein acabava de se dar conta, de alguma maneira, de que a física, no estado em que se encontrava doravante, não se satisfazia mais com o que havia de arbitrário nas definições de Newton.)

Julgamentos de simultaneidade fazem intervir a transmissão de sinais (por exemplo, ópticos) de um ponto a outro do espaço: do momento em que a velocidade desses sinais não é mais infinita, a simultaneidade deixa de ser evidente. Eventos que nos parecem simultâneos em tal lugar, em tal momento, não são em geral percebidos como tais em outro lugar, porque os sinais, pelos quais julgamos o tempo em que um evento se produziu, levam certo tempo para chegar até nós (em geral, não temos consciência disso por causa de sua velocidade muito alta). Nossa noção do tempo em que um evento se produziu em certo lugar é tributária do percurso de um sinal feito desse lugar até nós, e esse percurso depende do movimento relativo entre o referencial ligado a esse lugar e nós (se nos aproximarmos, ele será mais curto, se nos afastarmos, será mais longo). Os julgamentos de simultaneidade sobre os eventos (determinados por tempos de relógios ligados a cada sistema referencial) dependem dos estados de movimento relativo.

A simultaneidade não era, pois, absoluta, o que obrigava a redefinir tanto o tempo quanto as coordenadas de espaço, caso se quisesse que eles tivessem uma significação física real. Essa redefinição das coordenadas (que indicam a posição dos corpos no espaço físico) e do tempo (marcado pelos relógios) devia levar em conta que todo deslocamento no espaço se efetua com velocidade finita. A noção de corpo e a de evento, necessárias para falar de espaço e de tempo de um ponto de vista físico, convidavam a tomar como condição para a definição dessas grandezas as duas propriedades gerais (ou princípios) às quais Einstein considerava que os fenômenos de qualquer natureza obedecem. Ele redefine, pois, o espaço e o tempo (físicos) submetendo-os aos dois princípios, de relatividade e de constância da velocidade da luz.

Ele deduziu diretamente dessas considerações as fórmulas de transformação que fazem passar de um sistema de coordenadas e de tempo a um outro em movimento relativo (transformações de Lorentz). Estas mostram uma dependência das coordenadas de espaço em função do tempo (característica já presente nas transformações de Galileu, mas com uma lei diferente) e, o que era totalmente novo, uma dependência do tempo em função das coordenadas de espaço. (De certo modo, a teoria da relatividade restrita reforçava a penetração do espaço pelo tempo e proclamava a entrada do espaço no tempo.)[3]

Essa dependência acarretava a relatividade da simultaneidade entre eventos (ela não é universal e depende do movimento) e a supressão do tempo absoluto. Acarretava igualmente um comportamento para as distâncias espaciais (contração) e para as durações (dilatação) no referencial de um corpo em movimento em relação ao referencial em repouso (relativo) muito diferente das concepções clássicas herdadas de Newton (para as quais as distâncias e as durações, mesmo nos movimentos relativos, são constantes).[4] Além disso, as velocidades de diferentes movimentos que animam um corpo não se adicionavam mais simplesmente em grandeza e direção, como se admitia desde Galileu, mas estavam submetidas

---

3. Tomando para x e x' as coordenadas na direção do movimento (x no referencial considerado em repouso relativo e x' no animado por um movimento de velocidade v em relação ao primeiro), t e t' os tempos correspondentes a esses referenciais, as fórmulas de transformações são:
   Fórmulas de transformações de Galileu:
   $x' = x - vt$, $t' = t$ (o tempo é universal).

   Fórmulas de transformações de Lorentz:
   $x' = \gamma(x - vt)$, $t' = \gamma(-\frac{vx}{c^2})$ (o tempo é local, ligado ao referencial), com

   $\gamma = \dfrac{1}{\sqrt{1-\dfrac{v^2}{c^2}}}$ (coeficiente variável com a velocidade, de 1 até o infinito).

4. Contração dos comprimentos: $\Delta l = \dfrac{1}{\gamma}\Delta l'$;
   dilatação dos tempos: $\Delta t = \gamma \Delta t'$.

a uma lei de composição mais complexa, deduzida das fórmulas de transformação.[5] Essa lei mostrava, em particular, que toda velocidade composta com a velocidade da luz dá ainda a velocidade da luz, isto é, esta última é um limite absoluto. Tornava igualmente visível a simetria dos movimentos relativos, nenhum deles estando mais em movimento ou em repouso do que outro. Em outras palavras, não havia mais o espaço absoluto de Newton, nem éter óptico ou eletromagnético. Restariam apenas campos eletromagnéticos propagando-se no espaço no decorrer do tempo, sendo esse espaço e esse tempo relativos, e estruturalmente ligados um ao outro.

O essencial da teoria da relatividade restrita de Einstein está contido nestas propriedades: elas determinam uma nova "cinemática", isto é, uma nova relação entre o espaço e o tempo e entre as grandezas que são funções deles. A "dinâmica" era diretamente afetada por isso. Aplicada às grandezas da teoria eletromagnética (campo elétrico e magnético, etc.), a nova cinemática acarretava uma modificação dessa teoria, a título de aplicação das propriedades consideradas universais (a covariância que resulta do princípio de relatividade restrita).

Esse foi o procedimento original de Einstein. Encontramos nele, em primeiro lugar, a idéia muito precisa de uma certa relação de adequação entre a teoria e os fenômenos; depois, o papel que desempenham, na teoria,

---

5. Sejam v e w as duas velocidades (colineares) a compor em uma velocidade resultante u:

   Lei das velocidades de Galileu: $u = v + w$;

   Lei das velocidades de Einstein-Poincaré: $u = \dfrac{v + w}{1 + \dfrac{vw}{c^2}}$. Verificar, fazendo por exemplo $v = c$, que a composição de qualquer velocidade com a velocidade da luz dá ainda a velocidade da luz (o que resolve o paradoxo que preocupava Einstein aos dezesseis anos).

proposições gerais, ou princípios, conhecidos como sendo ao mesmo tempo uma espécie de resumo de traços característicos de fenômenos da natureza, e uma coerção a que a teoria é chamada a submeter-se. Esses princípios, uma vez enunciados, servem de guias na formulação que se quer dar à teoria. O princípio de relatividade fornece uma condição que deve ser seguida e respeitada pelas grandezas físicas e as equações que vinculam estas últimas (esta condição foi chamada em seguida de "covariância", garantindo a invariância das equações nas transformações que resultam do movimento). Essa condição determina a estrutura da teoria de Einstein. Ela conduz a construção das grandezas físicas, primeiro cinemáticas (espaço, tempo, velocidade), e a derivação, de maneira dedutiva, de suas leis de transformação. A nova cinemática é em seguida utilizada na reformulação das grandezas dinâmicas, de conformidade com a invariância das leis e das equações.

As teorias a que chegaram, por seu lado, Lorentz e Poincaré tinham o seu ponto de partida na mesma teoria de Lorentz de 1895, mas eles diagnosticavam as suas dificuldades diferentemente de Einstein. Sua insuficiência estava, ao ver deles, em não dar conta de uma experiência de alta precisão sobre a óptica dos corpos em movimento (a experiência de Michelson e Morley), que deveria, segundo as concepções em vigor, ter colocado em evidência o movimento absoluto da Terra em relação ao espaço absoluto ou ao éter. Eles haviam proposto modificações teóricas adaptadas a esse resultado preciso, em seguida a uma hipótese imaginada por Lorentz (de que os corpos se contraem na direção do movimento), observando que uma fórmula de transformação "notável" das coordenadas e do tempo (a transformação de Lorentz, construída às apalpadelas) tinha a propriedade de dar conta, da maneira mais geral, desse resultado. Era então adotada de maneira empírica, e suas conseqüências eram exploradas.

Eles obtinham, por dedução das fórmulas de transformação, a contração dos comprimentos e o tempo local dilatado (mas proveniente, para dizer a verdade, da fórmula de que haviam partido), o respeito do princípio de relatividade, o caráter limite da velocidade da luz, a fórmula relativista de composição das velocidades (Poincaré a obtinha, mas não Lorentz), as grandezas eletrodinâmicas que asseguravam a invariância das equações de Maxwell (Poincaré corrigiu algumas imperfeições do cálculo de Lorentz), a variação com a velocidade da massa dos elétrons (Einstein a previa também, até mesmo ela resultava mais geralmente de sua nova cinemática). Mas eles conservavam ainda o éter, suporte do campo eletromagnético, e mantinham uma conciliação com os conceitos newtonianos e a mecânica clássica: as propriedades do espaço e do tempo eram diretamente provenientes, para eles, da dinâmica eletromagnética (Lorentz mantinha a idéia do tempo absoluto e interpretava o "tempo local", relativista, como um artifício matemático, ao passo que Poincaré via nele, como Einstein, o tempo físico dado por relógios).

A diferença essencial entre a teoria de Lorentz e Poincaré e a de Einstein, independentemente dos caminhos diferentes que seguiram, encontra-se no fato de que os primeiros concebiam a sua como estreitamente ligada à dinâmica eletromagnética, e não a uma propriedade de covariância concebida como mais geral e independente das particularidades da dinâmica. A teoria dinâmica do elétron de Poincaré era de fato uma *teoria relativista do elétron*. A solução que Einstein dava para o problema de física inicialmente considerado (de natureza "dinâmica") era, ao contrário, de natureza essencialmente "cinemática". Mais geral, ela concernia ao conjunto dos fenômenos e das leis da física.

Assim, a teoria de Einstein não era uma teoria dinâmica de fenômenos físicos, mesmo que ele tenha partido de tal preocupação. A modificação da eletrodinâmica que ela operava não era senão a aplicação a esta de um resultado mais geral que a transcendia: *a covariância para os referenciais de inércia.* Digamos um quadro geral de pensamento, mas que não dizia nada por si mesmo sobre as forças da natureza. Em suma, um objeto bizarro para uma teoria física. É por isso que aqueles que a aceitavam a interpretavam como se fosse uma teoria dinâmica. Exceto o seu autor, que, finalmente, batizou a sua teoria com o nome que conhecemos, depois de ter pensado em "teoria da invariância". (Diríamos melhor "teoria da covariância" restrita.) Ele iria, alguns anos mais tarde, oferecer "nesse rastro" uma teoria dinâmica, com covariância, mas de outro gênero. Não sobre a eletrodinâmica, mas sobre a gravitação.

Num último artigo de 1905, Einstein propunha, como conseqüência de sua teoria, a equivalência da massa de inércia e da energia, que se resume na fórmula $E = mc^2$ (que ele vinculou inicialmente a uma propriedade da dinâmica, mas que se verificou ser uma conseqüência geral da cinemática). *A matéria é um reservatório de energia.* Para o grande público, hoje, a obra científica de Einstein se reduz geralmente a essa fórmula doravante célebre, que nada tem de mágica, e à qual está ligada, em particular, a utilização da energia nuclear. Entretanto, essa equação não teria bastado por si só para liberar a energia da matéria. Quando Einstein a demonstrou, em 1905, ela não fazia mais do que exprimir uma potencialidade. Foi somente com o conhecimento da constituição do átomo e de seu núcleo, desenvolvido no decorrer dos anos 1930, que foram descobertos os processos efetivos pelos quais a energia latente na matéria podia ser utilizada. Esses processos são essencialmente a fissão nuclear, cisão de um núcleo pesado de urânio ou de plutônio, por exemplo, em núcleos mais leves com emissões de nêutrons, e a fusão termonuclear, que sintetiza a partir de núcleos leves de hidrogênio os núcleos mais pesados de deutério e de hélio. Nessas reações, a massa total dos produtos é menor do que a massa inicial, e a diferença de massa transformou-se em energia liberada.

Einstein não trabalhou diretamente nessas descobertas nem em suas aplicações. Quando escreveu a equação fatídica que permite calcular a energia equivalente à massa como uma conseqüência de sua teoria da relatividade restrita, ainda não se conhecia nem a existência do núcleo atômico. Aplicável aos átomos e a suas reações químicas, ela era então inverificável, por causa da pequenez das energias em jogo. É verdade, entretanto, que Einstein emitiu a idéia de que a desintegração dos átomos radiativos, então conhecidos havia pouco, poderia fornecer a possibilidade de verificá-la experimentalmente.

Dois anos depois da publicação da teoria de Einstein, o seu antigo professor em Zurique, o matemático Hermann Minkowski, achou que ela apresentava grande interesse, mas podia ser mais bem apresentada do ponto de vista matemático. O espaço e o tempo interpenetrados (e relativos) da relatividade restrita podiam ser concebidos como participantes de uma só entidade (absoluta), o espaço-tempo, que se podia representar de maneira homogênea retomando uma idéia de Poincaré, que era anotar o tempo como uma quarta coordenada.[6]

O "continuum" (físico) de espaço-tempo podia então ser tratado pela geometria de um espaço de quatro dimensões, que seria euclidiano para as três primeiras (dimensões espaciais) e "quase euclidiano" no que concerne às

---

6. $x_4 = ict$, sendo i o número imaginário ($i = \sqrt{-1}$), sendo as coordenadas de espaço x_1, x_2, x_3.

quatro.[7] As transformações de Lorentz são, então, simples rotações nesse espaço, e o espaço-tempo aparece naturalmente dividido em duas partes, uma correspondendo a ações físicas ou causais (os intervalos de espaço podem ser percorridos a uma velocidade inferior ou igual à velocidade da luz: "região tempo" do "cone de luz"), a outra à impossibilidade de tais relações (os intervalos de espaço são grandes demais em relação aos do tempo para poderem ser percorridos a uma velocidade inferior ou igual à velocidade da luz: "região espaço" do "cone de luz"). (O "cone de luz" é, por sua vez, definido pela igualdade dos intervalos de espaço e dos de tempo: $dx^2 = c^2 dt$.) Essa representação matemática, que simplifica muito as notações e os cálculos, verificar-se-á indispensável na elaboração por Einstein da teoria da relatividade geral. Mas só quando ele se desse conta disso é que se interessaria por ela.

Concluamos, por enquanto, esta narração da "invenção da relatividade restrita". Vê-se, pelos aspectos que indicamos, como o trabalho do pensamento que é a criação científica ultrapassa de muito os simples elementos "positivos" e descritivos aos quais as pessoas reduzem freqüentemente a "ciência", mesmo quando esses elementos são tão ricos de implicações no plano geral das idéias quanto o espaço e o tempo. O ato de criação intelectual que termina por manifestar uma novidade conceitual – orientada em direção a uma representação do mundo – faz apelo a todas as capacidades do pensamento racional na unidade do sujeito – sem omitir a imaginação e a intuição. Esse

---

7. O elemento de distância de tal espaço é: $ds^2 = dx_1^2 + dx_2^2 + dx_3^2 - c^2 dt^2$ (cuja "métrica" é: $+,+,+,-$), ao passo que, para um espaço realmente euclidiano ele seria $ds^2 = dx_1^2 + dx_2^2 + dx_3^2 + dx_4^2$ (com uma "métrica" "definida positiva", $+,+,+,+$). A diferença provém de que não se trata verdadeiramente de um espaço geométrico, mas de uma grandeza física (o tempo não intervém senão em física).

trabalho do pensamento, que se aplica a um problema físico, relativo aos fenômenos da natureza, faz intervir considerações que pertencem também à filosofia, ou que estão relacionadas com o pensamento filosófico. Aliás, a filosofia logo sentiu-se concernida, mas principalmente pelas modificações das concepções do espaço e do tempo.

5
A ausência de peso daquilo que cai e a curvatura do espaço

As experiências do pensamento sempre desempenharam um papel importante nas reflexões de Einstein sobre a física, a tal ponto que elas parecem desencadear o seu pensamento criador. Essas experiências, que são apenas imaginadas mentalmente, e não efetivamente realizadas, correspondem, entretanto, tanto quanto as verdadeiras, a fenômenos físicos que podemos, ou que deveríamos poder constatar. Elas estão associadas à representação de um ou de vários conceitos físicos (ou grandezas), cuja significação exprimem em relação a fenômenos físicos, levantando, por vezes, a questão de seu alcance geral, eventualmente formulada em relação a princípios. Já vimos, a propósito da eletrodinâmica e da teoria da relatividade, como dois pensamentos dessa espécie abriram os caminhos de sua reflexão: aquele sobre o raio luminoso e a velocidade da luz, e aquele sobre a indução eletromagnética e a relatividade dos movimentos.

É ainda uma experiência de pensamento que está na origem de sua teoria da relatividade geral. Einstein falou muitas vezes dela desde então como a "idéia mais feliz de [sua] vida". Ela é, aliás, bastante análoga àquela sobre o movimento relativo do circuito elétrico fechado e do ímã na indução eletromagnética, que o fizera pressentir que um campo elétrico e um campo magnético têm um parentesco profundo e constituem uma só e mesma entidade, considerada de dois pontos de vista diferentes: o princípio da relatividade (restrita) permitira identificá-los.

A idéia lhe veio, dessa vez, de que a inércia e a gravidade têm entre si uma relação de mesma natureza, e que a sua distinção é relativa. A primeira, a inércia, está ligada à aceleração dos movimentos: em sua definição original, a inércia é a resistência à mudança de movimento (à aceleração) suscitada pela ação de forças (F), segundo a lei fundamental da dinâmica.[1] A segunda, a gravidade, medida pelo peso (P), é responsável pela atração e pela queda dos corpos. Uma e outra poderiam inverter-se, caso se mudasse o ponto de vista, por exemplo, se a gente se colocasse no sistema de coordenadas (ou referencial) que acompanha o corpo em seu movimento de queda livre. A experiência de pensamento se apresentou a ele da maneira seguinte: "Se alguém cai em queda livre, não percebe o seu próprio peso". O movimento de aceleração uniforme da queda anula o campo de gravidade homogêneo. Noutras palavras, o campo de gravitação é equivalente a um movimento acelerado.

Esse pensamento lhe veio a partir de uma reflexão sobre a natureza da massa de inércia em relação à significação física do princípio de relatividade de sua teoria de 1905. Ele tinha sido solicitado, em 1907, para redigir um artigo de revista sobre o estado das idéias que dizem respeito à eletrodinâmica e ao princípio de relatividade desenvolvidas por ele próprio, por Lorentz e por outros. Ao redigir o texto, Einstein não se contentou em expor os resultados da nova teoria, interrogou-se sobre ela de maneira crítica e destacou seus limites, tendo em vista a sua superação. Observou que a teoria da relatividade

---

1. $F = m_i a$, m_i sendo m a massa de inércia e a a aceleração.

(restrita) constitui um quadro (cinemático) no qual todos os fenômenos físicos (dinâmicos) podem ser tratados, com exceção, todavia, da gravitação. Com efeito, esta não pode se satisfazer com a consideração de movimentos retilíneos e uniformes, já que corresponde a movimentos uniformemente acelerados. Caso se quisesse introduzir a dinâmica da gravitação no quadro da cinemática relativista, seria preciso estender o princípio de relatividade, para além dos movimentos de inércia, aos movimentos acelerados.

Ao refletir sobre o movimento acelerado (por exemplo, sobre a força centrífuga gerada por um movimento circular), ele foi levado a interrogar-se sobre a significação física da massa de inércia dos corpos, responsável pelas acelerações. Como se comportaria essa mesma massa de inércia, que ele mostrara ser equivalente à energia (e que a energia possui inércia), se o corpo estivesse mergulhado num campo de gravitação? A lei de Galileu da queda dos corpos garantia que a aceleração é a mesma (a uma dada altura), qualquer que seja o corpo; logo, qualquer que seja a sua massa. Mas isso não podia ser compreendido, quanto à massa, senão porque a massa de inércia é igual à massa pesada da lei da gravitação universal de Newton $(m_1 = m_p)$.[2] Newton contentara-se em constatar essa igualdade, que supunha fortuita. Medidas de precisão extrema vieram a confirmá-la depois, na época que nos interessa.

Para Einstein, tal coincidência não podia ser resultado do acaso: propôs ver nela uma propriedade fundamental da natureza, um princípio físico que, algum tempo depois, ele denominaria *princípio de equivalência* (da massa de inércia e da massa gravitacional, ou ainda de um

---

2. m_1 sendo definida por $F = m_1 a$, e m_p por $P = m_p g$, a aceleração sendo aqui a da gravidade $(a = g)$.

campo de gravitação e de um movimento acelerado). O alcance do princípio é ilustrado pela experiência imaginária de um homem caindo em queda livre (do alto de um telhado, por exemplo, ou num elevador cujo cabo tivesse sido cortado): em sua vizinhança, todos os corpos que o acompanham em sua queda estão imóveis uns em relação aos outros, já que são movidos pela mesma aceleração. Seu comportamento relativo não permite decidir se se encontram num campo de gravidade ou num estado de movimento acelerado: os dois são, pois, equivalentes.

O princípio de equivalência, enunciado a partir de um dado factual (a lei de Galileu da igual aceleração na queda dos corpos, ou a igualdade das duas massas, de inércia e pesada), foi um dos dois princípios sobre os quais Einstein elaborou a teoria da relatividade geral. O outro foi o princípio de relatividade generalizada, que enunciava a invariância das leis físicas para referenciais de coordenadas e de tempo em movimento quaisquer, uns em relação aos outros. Nenhum argumento factual nem teórico sustentava este último princípio, mas Einstein via nele uma necessidade epistemológica, até mesmo filosófica, igualmente condicionante para o seu pensamento. Por que, com efeito, a natureza daria um privilégio aos sistemas de inércia, quando o fato de considerar que um movimento é uniforme depende do estado de movimento em que a própria pessoa se encontra? Ou, nos próprios termos de Einstein: "O que é que a natureza tem a fazer com os sistemas de coordenadas e seu estado de movimento, quando somos nós que os introduzimos?". Ao suscitar essa interrogação sobre o caráter arbitrário dos sistemas de inércia, e portanto do privilégio que ela lhes outorgava, a primeira teoria da relatividade "apontava para a sua própria superação".

Assim, em 1907, a direção da nova via que Einstein se propunha a seguir estava traçada. A equivalência de um campo de gravitação e de um movimento acelerado oferecia a possibilidade de determinar a nova lei, relativista, do campo de gravitação (que devia ser diferente da lei newtoniana), a partir das leis de transformação de movimentos quaisquer obtidos a partir do princípio de relatividade generalizada.

Nesse primeiro trabalho, pioneiro e visionário, que anunciava já o seu programa, Einstein fazia notar que a nova teoria da gravitação que esperava assim formular deveria dar conta do fato astronômico que não se adequava desde mais de cinqüenta anos à teoria de Newton, o avanço secular de 43 segundos de arco do periélio do planeta Mercúrio, descoberto por Urbain Le Verrier. A inércia da energia o conduzia, por outro lado, a admitir que a gravitação curva a trajetória dos raios luminosos (mas, segundo um primeiro cálculo que faria em 1911, duas vezes menos do que devia fazê-lo a teoria acabada da relatividade geral). Ele considerava já também o desvio para o vermelho das radiações luminosas situadas num campo de gravitação. Estes seriam, de fato, os três testes observacionais e experimentais de sua teoria futura.

O programa esboçado manifestava uma grande coragem intelectual, pois ele se afastava dos caminhos já freqüentados e levantava problemas que nem Einstein nem ninguém teria sabido dizer até então aonde levariam.

Ele precisaria de sete anos, entretanto, para chegar a uma solução completa, em razão das dificuldades consideráveis encontradas na realização de seu programa (sem contar que outras questões de física o absorviam então, relativas sobretudo à física dos *quanta*). Einstein voltou, num primeiro tempo, somente em 1911, ao problema da gravitação e da relatividade generalizada, a propósito da curvatura da luz num campo de gravitação.

Para Newton, a aceleração estava relacionada com o espaço absoluto e não era intercambiável. Com Einstein, ultrapassar o movimento de inércia e o caráter absoluto da massa de inércia significava admitir que a própria inércia é relativa. Ernst Mach havia feito uma sugestão dessa natureza: a massa de inércia de um corpo deve ser referida não ao espaço absoluto, mas ao conjunto dos outros corpos. Einstein achava essa exigência tão forte que fez dela um princípio, o *princípio da relatividade da inércia,* que chamou também de *princípio de Mach.* Mas ele transformou a formulação de Mach, ao propor que a distribuição das massas determina o campo de gravitação; portanto, os esforços de inércia, que não deviam mais nada a um espaço (-tempo) absoluto, o que o levou a formular a condição de "covariância geral", isto é, a expressão das leis do campo deve ser independente de uma escolha particular de um sistema de coordenadas espaço-temporais.

Foi uma das razões que o conduziram a uma nova reflexão sobre a significação das coordenadas de espaço e de tempo. A relatividade restrita os ligava, como a mecânica clássica, a distâncias e durações tomadas sobre corpos rígidos e relógios invariantes. Mas os movimentos acelerados (de rotação, por exemplo) modificavam a forma dos corpos passando de um referencial a outro (a forma de uma barra rígida em rotação dá, vista do repouso, uma barra torcida). Einstein dissipou o paradoxo aparente ao fazer observar que a barra não é a única a se torcer, já que ela não faz senão acompanhar nessa transformação o "espaço de referência" em que ela se encontra. Ele se deu conta então de que os movimentos acelerados fazem intervir espaços que não são euclidianos (vista do repouso, a razão do semicírculo de um disco girando a seu diâmetro não é mais o número π).

Era preciso admitir, pois, que as coordenadas não têm mais a significação simples que tinham com a relatividade restrita (não correspondem mais a posições fixadas por regras rígidas euclidianas), e desligá-las dessa "interpretação direta": de certa maneira, era preciso conceber que os espaços-tempos de referências não têm forma definida (Einstein utiliza a expressão metafórica "molusco de referência"). Isso lembra as "coordenadas intrínsecas" que Karl-Friedrich Gauss tinha desenvolvido há mais de um século em sua geometria das superfícies (os elementos de distância ajustam-se à forma das linhas da superfície, sem referência ao espaço euclidiano de três dimensões onde a superfície está imersa). Bernhard Riemann havia generalizado as idéias de Gauss desenvolvendo uma geometria diferencial geral com um número qualquer de dimensões, caracterizada por propriedades topológicas e propriedades métricas (tais que a forma da distância elementar num ponto é função das coordenadas desse ponto). Mas, para o espaço de três dimensões do mundo real, dizia Riemann, só a física pode fazer-nos conhecer a métrica.

Einstein ainda não sabia que sua teoria da gravitação ia responder ao voto de Riemann. Mas pareceu-lhe claramente, em 1912, que o problema da relatividade geral, tal como o havia formulado a partir de considerações físicas, não poderia ser resolvido senão por um trabalho matemático. Ele tinha de adotar daí por diante a formulação de Minkowski do espaço-tempo com quatro dimensões, que ele próprio havia julgado até então facultativa para a relatividade restrita, mas fazendo doravante das quatro coordenadas simples variáveis matemáticas e exprimindo nesses termos as grandezas físicas e a exigência de covariância geral. A métrica pseudo-euclidiana da relatividade restrita, característica dos sistemas de inércia (válida para todo o espaço e para todo tempo), devia ser substituída pela métrica variável em qualquer ponto, que exprime o campo de gravitação nesse ponto.

A expressão da condição de covariância geral, ou equivalência para as leis da física de todos os sistemas de coordenadas espaço-temporais[3], ou ainda invariância das equações sob transformações quaisquer das quadricoordenadas, era, a partir de então, uma questão puramente matemática a resolver.

Einstein aprendeu, pois, a trabalhar com esse formalismo matemático, sendo que o amigo Marcel Grossmann lhe trazia a informação necessária: nesse caso, o cálculo tensorial, elaborado por volta de 1876 por Gregorio Ricci-Curbacastro, e o cálculo diferencial absoluto mais recente de Ricci e Tullio Levi-Civitta, que lhe permitiu desenvolver matematicamente a noção de covariância geral, para grandezas expressas como "tensores" definidos sobre o *continuum* de espaço-tempo, em particular o "tensor fundamental"[4], que exprime a estrutura do espaço-tempo. Seu último passo foi dar-se conta de que era preciso abandonar a idéia de invariância global (do gênero daquela da relatividade restrita) por uma invariância local (expressa em cada ponto), tornando assim compatíveis o princípio de equivalência e a covariância geral (problema que fora para ele uma fonte constante de dificuldades).

Ele conseguiu, no final de 1915, representar a gravitação pelo tensor métrico de espaço-tempo em quatro dimensões ("equação de Einstein"), exprimindo assim plenamente o caráter geométrico da gravitação (que se reduz à curvatura em cada ponto do espaço-tempo, não sendo as trajetórias dos corpos submetidos ao campo mais do que geodésicas deste último).

Três conseqüências da teoria eram particularmente notáveis, as mesmas que ele havia anteriormente pressentido.

---

3. x_1, x_2, x_3, x_4 ($x_4 = ict$), sendo i o número imaginário puro.
4. O tensor métrico, $g_{\mu\nu}$, é dado pela relação métrica $ds^2 = g_{\mu\nu} x_\mu x_\nu$, onde ds é o elemento infinitesimal ou diferencial de distância, sendo os índices μ e ν os das quatro coordenadas x_μ ($\mu, \nu = 1, 2, 3, 4$).

A saber: o avanço residual do periélio de Mercúrio (43" de arco por século), que a mecânica newtoniana era impotente para explicar; a curvatura dos raios luminosos num campo de gravitação; e o desvio do espectro luminoso para o vermelho. A segunda foi observada por ocasião do eclipse de 29 de maio de 1919, de que já falamos: os resultados davam um desvio de 1,7" de arco que confirmava exatamente a predição da teoria (esse sucesso determinou a aceitação da teoria da relatividade e a celebridade mundial de Einstein). As três predições fundamentais da teoria da relatividade geral foram confirmadas em seguida como exatamente verificadas. Quanto às leis de Newton, estas foram reencontradas no limite de aproximação de fraquíssimos campos de gravitação e da velocidade infinita da propagação do campo.

Por outro lado, já em 1918, Einstein previa a existência de *ondas gravitacionais*, que são para o campo de gravitação o que a luz e as ondas rádio são para o campo eletromagnético. Espécies de rugas do espaço-tempo, elas seriam ocasionadas pela propagação de variações do campo de gravitação (ou abalos gravitacionais). A detecção direta das ondas de gravitação constituiria a confirmação mais notável da teoria da relatividade geral, como a das ondas eletromagnéticas por Hertz o foi para a teoria de Maxwell. (Elas foram observadas indiretamente em pulsares binários, e a sua detecção direta, por antenas gigantes muito sensíveis, é objeto de preparação de experiências de altíssima precisão que deveriam ser realizadas por volta do ano 2000.)

O alcance da teoria mostrou-se logo imenso, ainda que numerosas oposições tenham surgido em nome, geralmente, do senso comum. Ela reformulava os conceitos de espaço, de tempo, de matéria, outrora separados, ligando-os indissociavelmente entre si, concluindo a reconstrução causal do tempo e do espaço que a relatividade restrita havia obtido anteriormente, e se propunha como uma geometrização do campo de gravitação.

Essa teoria, por sua elegância e esotérica simplicidade (caso se considere que todas essas propriedades são resumidas numa única equação de alguns símbolos), seduziu os matemáticos mais do que os físicos, que, passado o primeiro entusiasmo, recriminaram-lhe o pequeno número de conseqüências observáveis. A maioria deles se lançou em outras direções de pesquisas, mais ricas experimentalmente (como a física quântica), e a teoria da relatividade geral, apesar de sua grande simplicidade formal e de sua "beleza", conheceu um longo... eclipse e uma marcha no deserto. Ela desenvolveu-se desde então à margem das correntes principais, e só um pequeno número de teóricos interessou-se por ela. Foi só no decorrer dos anos 1950 que conheceu uma renovação, quando o campo de suas predições observacionais se mostrou consideravelmente aumentado, em relação aos progressos da astrofísica e aos desenvolvimentos da cosmologia. Em particular, armados com seus radiotelescópios terrestres ou embarcados em satélites, pesquisadores escrutam a partir de então o céu à procura de objetos muito compactos e maciços, sedes de campos de gravitação extremamente intensos, como os "buracos negros", esses astros devoradores de sua própria luz e da matéria circundante, de que a relatividade geral predisse a existência.

6
O impulso da luz
Rumo à teoria dos *quanta*

Voltemos agora à teoria dos *quanta*. Numa palestra dada em Salzburg em 1909, Einstein havia feito uma aproximação entre a natureza da radiação e a teoria da relatividade restrita (uma das raríssimas aproximações que fez entre as duas teorias, porque seus objetos e suas perspectivas eram muito diferentes). Ele explicava que a teoria da relatividade mudou nossas concepções sobre a natureza da luz, dando-lhe uma existência autônoma (em lugar de ser estado de um éter), como a matéria, e dotando-a de massa inercial, que ela transporta entre os corpos emissor e absorvente. Mas, quanto ao resto, ela não nos dá nenhuma indicação sobre a natureza da luz, problema sobre o qual, estimava, "a relatividade [restrita] não mudou nada". Sabemos bem por que, já que ela não é uma teoria dinâmica. É a formulação de uma teoria dinâmica, suscetível de substituir a teoria eletromagnética, que o preocupava, e ele não deixou de ser possuído por essa idéia em seguida.

Einstein nunca viria a realizar esse projeto e não acreditou que a mecânica quântica correspondesse a tal teoria. Entretanto chegou, em 1916, a dar uma formulação sintética dos resultados fundamentais obtidos até então sobre os átomos e sobre a radiação. Não era, a seu ver, senão uma teoria ainda muito empírica, e era, de fato, "semiclássica", fazendo apelo às teorias conhecidas modificadas pela imposição da "regra dos *quanta*". Sua importância é tal, no entanto, que teve direito, em seguida, a ser chamada de "primeira teoria dos *quanta*" (sendo a "segunda" a mecânica quântica propriamente dita). Ponto de chegada dos trabalhos precedentes, ela foi, de fato, o ponto de partida de todas as elaborações ulteriores, que levaram à mecânica ondulatória e à mecânica quântica.

Depois dos trabalhos de Niels Bohr sobre a quantificação dos níveis de energia dos átomos, os elementos essenciais de uma síntese estavam colocados. Einstein tomou como ponto de partida a existência de níveis discretos de estados de energia nos átomos e calculou a freqüência relativa de um estado em analogia com a lei de distribuição da teoria cinética dos gases. Obtendo assim a probabilidade por intervalo de tempo da transição de um estado para outro, exprimiu a condição de equilíbrio da radiação com a distribuição desses estados, que lhe permitiu deduzir a lei de Planck e a relação das freqüências de Bohr.[1] (Seus resultados lhe deram também a idéia de "emissão estimulada", que está na origem do laser.) Além disso, obtinha uma relação sobre as velocidades dos átomos que mostrava como uma radiação eletromagnética de freqüência dada possui não somente uma energia proporcional à freqüência, mas igualmente um *impulso* ou *quantidade de movimento*, o que faz dele um corpúsculo no sentido pleno.[2] (Arthur Compton verificaria, em 1922, essa propriedade da radiação luminosa.)

---

1. $\varepsilon_m - \varepsilon_n = hv$, os ε sendo as energias dos níveis (n e m) do átomo.
2. O fóton, como se chamaria algum tempo depois o *quantum* de radiação eletromagnética, possui, pois, uma energia $E = hv$ e um impulso $p = \dfrac{hv}{c} = \dfrac{h}{2\pi\lambda} = \dfrac{\hbar}{\lambda}$, com $\hbar = \dfrac{h}{2\pi}$ (constante de Planck "reduzida").

O duplo caráter ondulatório e corpuscular da luz, assim plenamente explicitado, aparecia como uma "propriedade maior da matéria", segundo os próprios termos de Einstein, sem que se conheça, entretanto, a razão disso. Por outro lado, a teoria não dava, para a direção da emissão da radiação, senão uma distribuição de probabilidade e não uma determinação precisa. Só era, pois, para Einstein, uma abordagem provisória. Ao propor a primeira síntese teórica sobre os fenômenos quânticos, ele se dava conta de uma dificuldade da causalidade no sentido clássico (segundo a qual se deveria ter determinações precisas e não apenas prováveis). E, no entanto, esse traço, que ele via como uma insuficiência, viria a ser, como se sabe, assimilado pela mecânica quântica, que o poria no âmago de suas concepções, afirmando de início a sua natureza probabilista, fazendo assim "da necessidade virtude", segundo Einstein, que acharia a solução fácil demais.

"Essas propriedades dos processos elementares", escrevia ele em 1916, "fazem aparecer como inevitável a formulação de uma verdadeira teoria da radiação." Tal teoria, a seus olhos, só poderia ser erigida sobre fundamentos muito diferentes dos das teorias clássicas. Caso se tenha em mente que ele acabara, na mesma época, de concluir a sua teoria da relatividade geral, podemos nos dar conta do tipo de exigência que impunha doravante ao emprego do termo "teoria". Nenhuma das abordagens que foram em seguida propostas lhe pareceu merecer esse título, pelo menos no sentido fundamental. Isso não o impediu de modo algum de reconhecer os progressos que lhe pareceram já feitos: mas, a seus olhos, foram apenas sucessos parciais.

Foi com base nesse trabalho de 1916 que Max Born, Werner Heisenberg, Pascual Jordan e outros desenvolveram, de 1924 a 1926, sua "mecânica quântica", que sistematizava o cálculo das amplitudes de transição transcrito num formalismo matricial abstrato.[3] O mesmo resultado serviu também de ponto de partida para que Louis de Broglie, em 1923, estendesse a dualidade da onda e do corpúsculo, demonstrada por Einstein para a luz e a radiação, a todos os elementos da matéria. Erwin Schrödinger apoiou-se igualmente sobre ele e sobre a idéia de L. de Broglie para elaborar a sua mecânica ondulatória, em 1925-1926, que mostrou em seguida ser equivalente à mecânica quântica propriamente dita ou mecânica das matrizes.

O próprio Einstein deu entrementes outras contribuições que influíram nesses desenvolvimentos e em outros, ulteriores, ao revelar novos aspectos dos fenômenos quânticos. Com o pesquisador indiano Satyendra N. Bose, evidenciou, em 1924, uma propriedade, comum aos gases de fótons e a certos gases de átomos (gases perfeitos monoatômicos "sem *spin*"), de obedecer a uma lei estatística diferente do caso em que todas as partículas são distintamente contadas e que permite, *a posteriori*, compreender a natureza das contagens de estados que dão a lei de Planck. Essa "estatística de Bose-Einstein" é própria de uma classe de partículas (de *spin* ou momento cinético nulo ou inteiro), pertencendo os outros à "estatística de Fermi-Dirac" (*spins* meio-inteiros), pelo menos para o que diz respeito às partículas "indiscerníveis", específicas do domínio quântico, como percebeu então (a indiscernibilidade faz a diferença entre as partículas quânticas e as partículas no sentido usual).

Einstein deu-se conta, pouco depois (em 1925), sem ter disso a explicação, de que os *quanta* de um gás de Bose-Einstein não são estatisticamente independentes uns

---

3. As matrizes são quadros de números (ordenados em linhas e em colunas) munidos de regras algébricas de composição.

dos outros, isto é, que não são localizáveis à maneira das partículas clássicas. De sua teoria do gás perfeito monoatômico, Einstein tirou uma propriedade que se mostrou de considerável importância para a física futura, a "condensação" dos gases de "bósons", que está ligada às "transições de fase". Ele anunciou igualmente, quinze anos antes de isso se tornar uma evidência experimental, a superfluidez, assim como a supercondutividade, duas propriedades de natureza quântica que se manifestam em baixíssimas temperaturas. Acrescentemos que foi Einstein quem indicou ao mundo científico (e particularmente a Schrödinger) a importância da tese de Louis de Broglie, que Paul Langevin lhe havia comunicado. A dualidade generalizada onda-partículas se coadunava com suas próprias considerações sobre a estatística dos gases de fótons e de partículas.

Assim terminava, para Einstein, no que concerne à teoria dos *quanta* de que foi um dos principais pioneiros, seu período "construtivo", que se estende por uns vinte anos, de 1905 a 1924, ao longo do qual contribuiu sem trégua para trazer novos elementos ao conhecimento dos fenômenos quânticos, esperando que uma nova perspectiva permitisse compreender esses diversos elementos da "realidade quântica". Mas ela só poderia vir, a seu ver, de uma verdadeira criação do pensamento e não de um simples ajuste dos dados disponíveis.

A esse período sucedeu-se outro, marcado pelo surgimento, por volta de 1925, da nova "mecânica quântica". Seus autores viam nela a teoria que respondia à expectativa expressa por Einstein, e determinaram a partir dela um programa para a física, mas Einstein não reconhecia nela as suas próprias exigências. Os princípios dela lhe pareciam insuficientes para uma teoria "profunda e completa". Foi o período, que durou até sua morte, de suas "contribuições críticas" à mecânica quântica, acompanhando suas objeções contra a interpretação "dominante" ou "ortodoxa" da "Escola de Copenhague". Suas intervenções num debate rico e muitas vezes apaixonado bem merecem ser chamadas, como veremos, de "contribuições críticas", pois estiveram longe de ser negativas, ajudando a esclarecer a significação das novas concepções e frisando os problemas que perdurariam.

7
Teoria unitária e cosmologia

A noção de Universo, tão antiga quanto as primeiras representações do mundo exterior, só recentemente acedeu à categoria de conceito científico, e a cosmologia, à de ciência. Antes do século XX, uma abordagem científica do Universo em seu conjunto era impossível segundo os cânones epistemológicos e os pressupostos filosóficos em vigor no que concerne à noção de ciência em geral e de física em particular. Uma tal noção não podia evitar, entretanto, ser caracterizada de maneira cada vez mais precisa, com os progressos da observação astronômica e da astronomia física, à medida que as possibilidades de investigação faziam recuar as fronteiras do universo observável.

Galileu se perguntava se a Via Láctea era resolúvel em estrelas e a resposta para tal questão ainda não era clara em meados do século XVIII, quando apareceu a *Enciclopédia*. Acabou sendo-o no final daquele século com William Herschell, que abriu mais ainda as portas dos espaços celestes longínquos com os seus grandes telescópios, estabelecendo os primeiros catálogos de nebulosas e ao propor a tese dos "universos-ilhas", isto é, das galáxias. Quanto às hipóteses cosmogônicas de Kant e de

Laplace, elas não ultrapassavam os limites do sistema solar. O estudo dos espectros ópticos da luz das estrelas inaugurou, um pouco mais tarde, a astronomia física. Mas não era ainda a ciência do Universo.

No entanto, a idéia cosmológica, relativa a um pensamento do Universo em sua totalidade, já estava presente no horizonte da ciência. Infiltrou-se em física ao longo do século XIX por diversas vias, tais como, em particular, as considerações sobre o Universo como máquina termodinâmica, e se faz ver no pensamento de certos cientistas. As considerações de Mach sobre a significação das massas de inércia, que ele relacionava com o conjunto das massas do Universo, são inegavelmente tributárias dessa idéia. E da mesma maneira as de Poincaré sobre a relatividade do espaço. (Poincaré dizia que, falando estritamente, esse princípio só tem sentido para o Universo inteiro, por causa de todos os corpos que ele contém, e é por isso que fazia dele, para os sistemas finitos, uma simples convenção.) Acrescentemos ainda que as geometrias não-euclidianas, ao suscitar a questão da natureza do espaço e da geometria que lhe é apropriada, colocavam-na de fato para o Universo inteiro.

Ao elaborar a teoria da relatividade geral, Einstein recorreu ao princípio "da relatividade da inércia" e do espaço absoluto como referência da massa de inércia e suporte das acelerações. Ele observava, desde 1913, aliás numa carta a Mach, que o problema da inércia não podia ser resolvido a menos que se considerasse o Universo (o mundo físico) como espacialmente fechado sobre si mesmo. Explicitaria seu raciocínio nas cartas a Michele Besso e a Willem de Sitter, em 1916, pouco tempo depois de sua formulação final da teoria. Se o Universo fosse aberto (estendido ao infinito), explicava, dever-se-ia imaginar um espaço vazio sem massas, que faria voltar ao espaço absoluto, e a massa de inércia de um corpo seria determinada em parte pelas massas dos outros corpos, para a região do espaço que contém estes últimos e, em parte, pelo sensor métrico do espaço infinitamente grande, para a região longínqua onde o espaço é vazio de corpos: ela seria, pois, heterogênea. (Acrescentava, para Michele Besso: "Essa maneira de ver me é insuportável".)

A idéia cosmológica se encontrava, pois, presente na construção mesma da teoria da relatividade geral, muito antes de sua aplicação ao Universo inteiro. (De certo modo, a relatividade geral estava condicionada por construção para se aplicar ao Universo inteiro.) Foi ela, aliás, que suscitou essa aplicação.

O Universo tornou-se o objeto de uma abordagem científica, definindo a cosmologia como disciplina, graças a uma dupla conjunção, observacional e teórica. Do ponto de vista da observação, o fato determinante foi a identificação das galáxias, possibilitada pela apreciação mais exata das distâncias astronômicas, seguida, algum tempo depois, pelo fato de ter-se tornado evidente seu movimento de recessão, revelado pelo desvio de seu espectro para o vermelho (efeito Dopper-Fizeau). Essas observações culminaram com as conclusões de Edmund Hubble no decorrer dos anos 1920, propondo a lei da proporcionalidade entre as velocidades de recessão e as distâncias.

Do ponto de vista teórico, a era da cosmologia moderna abriu-se com a publicação, em 1917, do artigo de Einstein intitulado "Considerações cosmológicas sobre a teoria da relatividade geral", seguido de importantes contribuições de Willem de Sitter, de Alexandre Alexandrovich Friedman, depois de Georges Lemaître, Arthur Eddington e outros, entre os quais o próprio Einstein, modificando sua primeira abordagem que ia na direção de cosmologias não estáticas para um universo em evolução.

Einstein introduzia, em seu trabalho de 1917, a abordagem do problema cosmológico pela relatividade geral, a partir de duas questões aparentemente modestas (mas que levariam a tomar como objeto da teoria da relatividade geral o Universo inteiro). A primeira era a dos limites do Universo em comparação com a teoria newtoniana: ele chegou à conclusão de que a relatividade geral não podia formular condições aos limites para um espaço infinito vazio de corpos; essas condições deveriam ser, pois, escolhidas arbitrariamente, "o que [estava] em contradição com o princípio de relatividade".

A segunda questão era aquela (já abordada) de entender a natureza da inércia, que sugeria tomar um Universo espacialmente fechado, evitando assim o problema dos limites: a teoria da relatividade geral fornecia então, mediante certas condições, as equações do campo de gravitação do Universo inteiro. (A cosmologia teórica entrava, por assim dizer, no campo da ciência pela porta dos fundos, antes de se tornar uma das grandes preocupações da física do século XX. Foi a primeira etapa. A segunda seguiu-a algum tempo depois, quando ficou evidente que o Universo não era estático.)

As condições introduzidas por Einstein diziam respeito à estrutura do Universo em grande escala: ele supunha que, neste, a distribuição de matéria era homogênea (hipótese chamada desde então de "princípio cosmológico") e, considerando que as velocidades das estrelas são muito pequenas em relação à velocidade da luz, admitia que ele era estático. Mas não obtinha solução satisfatória dessa maneira. Propôs então acrescentar um termo à equação obtida (produto do tensor fundamental por uma constante, a "constante cosmológica"), mesmo se dando conta de que esse termo suplementar só era "necessário para tornar possível uma repartição quase estática da matéria".

A introdução da constante cosmológica permitia-lhe contrabalançar a atração gravitacional que, por si só, dava uma solução (densidade de matéria em qualquer ponto e raio do Universo) variando com o tempo, para manter o Universo estático. Se não houvesse exigido essa solução, Einstein teria podido deduzir diretamente de sua equação a expansão do Universo. Foi a A. Friedman que coube o mérito de tornar evidente, em 1922, o caráter legítimo das soluções dinâmicas (não estáticas), às quais Einstein viria a aderir pouco depois.

W. de Sitter propôs, já em 1917, uma solução diferente da equação de Einstein, com um universo vazio de matéria e curvo, sem se preocupar com a questão das condições aos limites. Einstein esforçou-se por demonstrar a impossibilidade desse tipo de solução numa teoria coerente, segundo ele, para a qual o tensor métrico (isto é, o campo) é determinado pela matéria. O debate que se travou entre ele e de Sitter, a respeito da natureza (física ou matemática) das soluções esperadas e de suas interpretações possíveis, e em que outros cientistas intervieram também, testemunha a favor da novidade do objeto teórico com que os físicos e os matemáticos tinham doravante o direito de "brincar" (imaginando modelos de Universo). Esse debate mostra também o caráter inédito das questões que estavam sendo levados a levantar sobre as equações, suas soluções e a significação de tudo isso...

A cosmologia teórica desenvolveu-se, desde então, em torno da teoria da relatividade geral e do "princípio cosmológico", enunciado por Einstein e batizado mais tarde por R. Milne, que postula a homogeneidade e a isotropia da densidade da matéria no Universo. Ela orientou-se na direção das teorias dinâmicas com modelos cosmológicos do Universo em evolução, iniciados por A. Friedman e retomados por Georges Lemaître em 1927. A tese do Universo em expansão, reforçada pelas observações de Hubble sobre a recessão das galáxias, publicadas em 1929, foi desenvolvida desde 1931 pela teoria de G. Lemaître sobre o "átomo primitivo" (primeira formulação da teoria hoje admitida, conhecida sob a denominação explosiva de "Big Bang" ou sob a denominação mais prosaica de "modelo *standard*").

A partir dos anos 1920, Einstein consagrou-se essencialmente, à margem das correntes dominantes, então principalmente orientadas para a física quântica, a desenvolver suas pesquisas teóricas em duas direções que prolongavam a via aberta pela relatividade geral. A primeira, que virá a ser muito fecunda (mas muito mais tarde), é a da cosmologia relativista que acabamos de evocar. Continuou a trabalhar nela dos anos 1930 até o fim da vida, levando em conta a expansão do Universo e esforçando-se por clarificar os tipos de solução (sobre a evolução da curvatura do Universo com o tempo) em função da densidade de massa.

Em seus trabalhos, Einstein permaneceu sempre fiel à idéia de que a teoria da relatividade geral suprime a independência do espaço-tempo em relação à matéria e ao campo, de maneira que o campo de gravitação não somente determina as propriedades do espaço, mas igualmente a existência do próprio espaço. A estrutura métrica do espaço é a forma mesma do campo; portanto, sem campo não há espaço, nem mesmo topológico. Para Einstein, "um espaço vazio, isto é, um espaço sem campo, não existe". Daí a idéia, para uma cosmologia do Universo em expansão, de que o espaço-tempo é engendrado no decurso da própria expansão.

Por outro lado, a cosmologia não estática obriga a considerar uma irreversibilidade dos processos cósmicos e da evolução do Universo, isto é, uma flecha do tempo. Para Einstein, esta última não correspondia ao surgimento em física de uma irreversibilidade fundamental ou irredutível, mas resultava somente da imposição de condições iniciais (sob esse aspecto, a situação não era diferente da termodinâmica tal como ele a interpretava, pela mecânica estatística).

A segunda direção de suas pesquisas foi aquela, aberta por Hermann Weyl desde 1918, de uma extensão da teoria relativista da gravitação ao eletromagnetismo, pela procura de um campo unificado. Einstein começou a interessar-se de perto por isso, a partir de 1925, quando renunciou a contribuir de maneira construtiva para a teoria quântica. Essas pesquisas o aproximavam de sua preocupação por uma *teoria completa*, o que, a seu ver, a relatividade geral ainda não era.

Uma teoria do campo completa seria uma teoria do campo e de sua fonte, que não deixasse nenhum parâmetro sem determinação e seria capaz, em particular, de engendrar as suas próprias constantes fundamentais. Uma tal completude teórica era totalmente ideal, mas representava, para Einstein, um critério de julgamento sobre a escolha de uma direção de pesquisa: uma teoria seria tanto melhor quanto melhor respondesse a esse critério. O critério e a exigência eram relativos, e sua medida se encontrava no grau de efetivação do programa de unificação e de simplicidade da "base fundamental".

Foi com esse espírito que ele se dedicou daí por diante à busca de uma teoria, fundamentada na idéia de campo contínuo contido no espaço-tempo de quatro dimensões (fez também tentativas de espaço-tempo com cinco dimensões, numa linha proposta por Theodor Kaluza e Oskar Klein), que seria capaz de unificar geometricamente o campo eletromagnético e o campo de gravitação. Esta seria provavelmente uma teoria de formulação muito abstrata e, à primeira vista, muito afastada dos fenômenos, mas que reencontraria estes últimos ainda mais fortemente e em toda generalidade, de maneira análoga ao que se havia produzido com a relatividade geral. (Essas pesquisas o aproximaram dos matemáticos, afastando-o cada vez mais da comunidade dos físicos, quase todos engajados na via da física quântica, diretamente vinculada ao estudo, experimentalmente rico, da estrutura da matéria.)

Einstein esperava, incidentemente, obter da teoria que ele procurava formular a possibilidade de resolver de maneira indireta (como uma condição que dela se deduziria) o problema fundamental da física quântica (para o qual a mecânica quântica e a teoria quântica dos campos eram, a seu ver, impotentes). Ele perseguiu, quase sozinho, essa busca difícil e sem trégua, até a morte, sem ter logrado êxito. (Por uma parte, o seu projeto encontra-se nas pesquisas atuais que propõem a unificação dos campos de interação entre as partículas materiais, mas de maneira diferente da sua, já que se apóiam nos campos quantificados da teoria quântica dos campos, e não em campos contínuos como os da relatividade geral. O seu escopo último, entretanto, é o que animava mesmo Einstein: unificar a teoria da relatividade geral e a física quântica. Além disso, espera-se hoje da cosmologia física, inaugurada também por Einstein, que forneça o terreno de aplicação dessa teoria, nas primeiras frações de segundo em que o Universo "começou" sua expansão...)

8
As geometrias do espaço

A partir da relatividade geral, a questão da geometria constituiu um dos temas maiores da epistemologia de Einstein e preocupou igualmente os físicos matemáticos e os filósofos. Essa questão tinha sido objeto de importantes debates desde o conhecimento das geometrias não-euclidianas, descobertas no século XIX, primeiro, por Gauss (mas ele a havia guardado para si, nada tendo publicado); depois, por Farkas (pai) e János (filho) Bolyai e por Nicolai Ivanovich Lobachevski, por volta de 1830.

Desde que existe, a geometria entreteve sempre um vínculo (pelo menos intuitivo) com o espaço físico, e, se o quinto postulado de Euclides (o "axioma das paralelas") sempre fora considerado como natural, é porque a experiência do espaço dos objetos físicos parece indicar com evidência que de um ponto só se pode puxar uma única reta paralela a uma outra dada. Por essa razão, de Euclides até o fim do século XVIII, muitos foram os geômetras que se esforçaram por demonstrar esse "postulado" que parecia natural e necessário, e d'Alembert qualificava o persistente fracasso deles de "escândalo dos geômetras". A razão do fracasso de tantos esforços era, de fato, que o "postulado" era opcional, não sendo a geometria euclidiana senão uma entre outras escolhas possíveis. Mas a questão de saber se uma dessas geometrias era mais natural do que outra, isto é, se correspondia à estrutura real do espaço, permanecia levantada.

Bernhard Riemann fora o primeiro a levar mais adiante a questão da natureza física do espaço, em sua tese "Sobre as hipóteses que servem de fundamento para a geometria", defendida em 1854, mas publicada só vinte anos depois. Sua abordagem em toda generalidade da geometria a partir da noção de variedade (ou grandeza) com um número qualquer de dimensões, contínua e diferenciável, colocava já de início a possibilidade de geometrias diferentes, determinadas por suas estruturas métricas. Por *espaço*, Riemann entendia claramente o espaço físico: essa grandeza extensa de três dimensões se distinguia de qualquer variedade semelhante por propriedades (a métrica ou a curvatura) cujo conhecimento só podia vir da experiência (no caso, de experiências sobre corpos e os raios luminosos). Considerado de maneira somente abstrata e matemática, o espaço seria apenas uma variedade de três dimensões, amorfa, e sua forma e suas relações de medida não podiam provir senão do conteúdo material que o preenche. A teoria de Einstein cumpriria esse programa, tomando não somente uma variedade de três dimensões, o espaço, mas uma de quatro, o espaço-tempo. O "princípio íntimo das razões métricas" que Riemann exigia era o campo de gravitação.

A relatividade geral fez, pois, renascer o debate que havia acompanhado a invenção das geometrias não-euclidianas sobre a questão de saber qual era a geometria apropriada à descrição do mundo físico. Mas, em vez de fazê-lo a partir da teoria matemática, ela o fez a partir da nova teoria física, a teoria da relatividade geral ou teoria relativista da gravitação, que se propunha ao mesmo tempo como uma teoria do espaço (físico). Com relação ao debate anterior, a teoria da relatividade geral trazia uma resposta à questão da natureza da geometria.

Einstein se afastava, como Helmholtz, Mach e Poincaré, da concepção kantiana do espaço e do tempo como formas *a priori* da intuição sensível, ao situar a origem da formação dessas noções na percepção sensorial (visão, audição, tato). Os "estados de consciência" suscitados por esta última eram em seguida coordenados, segundo ele, em um sistema lógico que referimos a uma realidade. O espaço homogêneo, isótropo, contínuo e métrico da geometria (euclidiana, e também aquela de quatro dimensões da relatividade restrita), formado pelo entendimento a partir do espaço fisiológico da percepção, é uma representação abstrata, muito diferente deste último constituído pelos sentidos. Se considerarmos a história da geometria, observa ele, sua origem é antes "semi-empírica", já que nela a experiência sempre foi mediatizada por elementos teóricos.

De qualquer maneira, a geometria, uma vez constituída, escapava às condições empíricas de sua origem, e a questão da natureza de suas proposições em relação ao mundo físico ficava colocada: seus enunciados são puramente abstratos, ou exprimem fatos? Em outros termos: por exemplo, o postulado de Euclides sobre as paralelas corresponde a uma propriedade do próprio espaço físico?

Kant via nos axiomas da geometria euclidiana condições transcendentais de nossa percepção do espaço, "julgamentos sintéticos *a priori*". Helmholtz, opondo-se a ele sobre esse ponto, concebia-os como enunciados empíricos. Poincaré julgava, por sua vez, que os axiomas da geometria não são nem julgamentos sintéticos *a priori*, nem proposições empíricas, mas enunciados "de convenção". Para ele, a geometria era independente da física e as propriedades que relacionamos ao espaço são na realidade as dos corpos.

Desde então, a axiomatização da geometria por Hilbert possibilitava, segundo Einstein, estabelecer uma distinção entre a geometria puramente matemática e abstrata, e a geometria que se utiliza na descrição do mundo físico. A geometria só é concernida pela inter-relação lógica de suas noções (em outras palavras, sua verdade não é senão aquela dos axiomas) e não se preocupa em saber se esses axiomas são verificados na natureza.

Ao lado dessa geometria pura ou axiomática, era preciso considerar uma "geometria física" ou "prática" (segundo a mesma terminologia de Helmholtz), que tratasse do espaço físico e servisse às descrições da física. De algum modo, a geometria axiomática é concernida pela questão da *verdade* da geometria, ao passo que a geometria prática ou física faz apelo à questão da *realidade* da geometria. Em sua conferência de 1921 sobre "A geometria e a experiência", Einstein deu dessa distinção a formulação seguinte: "Por mais que as proposições das matemáticas se refiram à realidade, elas não são certas, e por mais que elas sejam certas, não se relacionam à realidade".

Einstein não concluía como Helmholtz que a questão da natureza da geometria era puramente empírica. Em primeiro lugar, porque a aplicação ao mundo físico de noções geométricas era, a seu ver, mais elaborada do que uma simples justaposição das matemáticas e da experiência. As grandezas da geometria física são construídas, por certo, como o admitia Helmholtz, a partir dos conceitos correspondentes da geometria pura, ao estabelecer entre as segundas e as primeiras "relações de coordenação". Mas, para Einstein, disso resultava uma verdadeira construção, a partir desses corpos geometrizados (pela noção de distância) e constituídos em sistema de referência: a construção de um "espaço de referência", instância intermediária entre o espaço abstrato (e sem qualificações) da geometria pura e os corpos materiais, dotados de propriedades físicas, que são o objeto de nossa experiência. Mas, nesse estágio, não se tinha feito senão constituir uma espécie de "física elementar", cujas únicas grandezas são coordenadas e distâncias, materializadas por regras (rígidas para o espaço físico euclidiano). Acrescentemos a isso o tempo, dado pelos relógios (invariáveis), e temos o espaço-tempo "quase euclidiano" da relatividade restrita: é um espaço-tempo físico, por certo, mas independente dos corpos.

Por outro lado (a segunda razão, conforme Einstein, para não aceitar a solução empirista), indo um passo adiante, a relatividade geral tinha trazido um elemento novo, ao se apresentar como uma verdadeira teoria física e, ao mesmo tempo, uma espécie de geometria. Einstein reencontrava Riemann que, como lembramos, tinha deixado para a física (e não simplesmente para a experiência) a decisão sobre o conteúdo métrico da geometria do espaço. Ele próprio havia chegado a essa solução pela via da construção (racional) de uma teoria física (a teoria relativista da gravitação), cuja relação com os fatos de experiência é mais problemática. Na questão da relação da geometria com a experiência, ele insistia, como Riemann, no papel dos conceitos teóricos prévios, e se oporia com constância aos que, com os empiristas e positivistas lógicos (Schlick, Carnap, Reichenbach), só levavam em conta o caráter factual da experiência.

Na questão da relação entre a geometria e a física, Einstein distinguia dois aspectos, que correspondem a dois momentos do trabalho teórico (são os de seu próprio trabalho sobre a relatividade geral) e que poderíamos qualificar assim: a *interpretação física* da geometria e a *construção geométrica* da teoria física. A experiência vivida de sua pesquisa guiava sua reflexão sobre essa questão epistemológica que é um aspecto daquela, mais geral, da relação entre a física e as matemáticas.

O primeiro momento é tanto o da *interpretação física direta* das coordenadas (em relação a corpos euclidianos, na mecânica e na relatividade restrita) quanto o da *crítica* dessa interpretação (com a relatividade geral). Lembremo-nos: "Nos campos de gravitação, não existem corpos rígidos possuindo propriedades euclidianas". A crítica desfaz a convenção anterior ao considerar as coordenadas de espaço-tempo apenas como simples variáveis de referência (mas sempre destinadas à descrição das propriedades físicas) sem significação física dada de antemão, isto é, sem serem associadas a uma métrica previamente: elas são, pois, válidas para toda métrica e de tal modo que todos os sistemas de coordenadas se valem (covariância geral). Então intervém a *construção* de grandezas físicas (sob forma de vetores e de tensores) a partir dessas variáveis, cuja significação é aberta, e de uma teoria, sob forma de relações dessas grandezas entre si, que lhes proporciona o conteúdo (a sua significação física) ao termo da construção.

A geometria (interpretada, diremos, de maneira mínima) dá lugar, a partir daí, à física, que permite determinar qual é a geometria do espaço. Esta última se identifica com a dinâmica, a estrutura do espaço exprimindo as propriedades do campo de gravitação. Resulta, da *geometrização da física* (do campo de gravitação) assim obtida, que a decidibilidade da geometria é, aos olhos de Einstein, aquela mesma da teoria física que dá o conteúdo (métrico) da geometria. É portanto possível responder à questão da natureza da geometria do mundo físico graças à experiência.

Einstein fazia questão de distinguir a sua conclusão da dos "empiristas", e mais ainda da dos "positivistas", nos quais ele via os partidários de um empirismo radical. A discussão que teve a esse respeito, em 1949, com o filósofo Hans Reichenbach mostra claramente a sua posição, cuja essência ele mesmo propôs sob a forma de um diálogo entre dois interlocutores, sendo um deles Reichenbach. O outro, que expõe a sua própria posição, é primeiro apresentado sob os traços de Poincaré, o que ilustra a parte que ele próprio deve ao convencionalismo (mantendo-se igualmente à distância do criticismo kantiano e do empirismo), depois sob os de um opositor ao "positivismo" (ou empirismo radical, que se fia apenas no que pode ser observado).

Retomando certos argumentos de Poincaré, transformados à sua maneira, ele avançava uma indissociabilidade de princípio entre a geometria (prática) e a física quando se propõe verificar essa geometria por meio de experiências sobre os corpos (físicos), pois estes são elásticos, deformáveis, mudam de volume com a temperatura... Sem contar o fato de que, no estudo das propriedades físicas desses corpos, faz-se uso desta mesma geometria que se está verificando. Mas ele admitia, ao contrário de Poincaré, a possibilidade de decidir qual é a natureza da geometria do espaço físico, em nome de uma concepção não empirista mas realista, que invocava o caráter aproximado do conhecimento.

Mais profundo do que a mera consideração de regras ou de marcos de medida a que se limitava a argumentação dos empiristas, é o apelo à construção da teoria física, dando um conteúdo à métrica, que permite ultrapassar ao mesmo tempo o convencionalismo e o empirismo. Para Einstein,

> A questão de saber se o *continuum* espaço-temporal de quatro dimensões é euclidiano ou riemanniano, ou de outra estrutura, é uma questão puramente física, a que só a experiência pode responder, e não uma questão de convenção que se escolheria por razões de simples utilidade.

Ele concordava com o convencionalismo para afirmar, contra a posição neopositivista ou "concepção verificacionista da significação", que a teoria não é tirada diretamente da experiência, mas resulta de uma "livre escolha lógica", pois ela comporta necessariamente elementos que não estão contidos na experiência. Em particular, a indissociabilidade da geometria (prática) e da física, quando se propõe verificar essa geometria por meio de experiências sobre os corpos (físicos), requer nas decisões escolhas sobre o que é mais ou menos importante.

De maneira geral, Einstein sublinhava que se deve recorrer a conceitos e a categorias, isto é, a elementos racionais, caso se queira tornar inteligível o dado empírico. Esse aspecto da filosofia de Kant permanecia válido, mesmo quando se recusasse sua concepção da geometria euclidiana como "sintética *a priori*". Ele indicava, por outro lado, que, caso se entenda por significação só a possibilidade de verificar (tal era a tese verificacionista), nenhuma das proposições da geometria seria, estritamente falando, verificável. Nenhuma verificação pode, com efeito, aplicar-se a elementos isolados de uma teoria física, pois o que é dado na experiência põe em jogo o sistema inteiro dos conceitos e das proposições da teoria (essa tese chamada "holismo", tinha sido proposta antes por Pierre Duhem).

Einstein inferia daí que era impossível pretender verificar pela experiência conceitos particulares, isolados e desligados uns dos outros, que só o sistema inteiro da teoria dá sua significação física aos conceitos e às proposições dessa teoria e que, falando estritamente, só ele é verificável. Explorando esse argumento em todas as suas implicações, ele observava que seria preciso dispor de uma teoria física completa, isto é, onde todos os elementos físicos que se devem colocar em operação na verificação sejam descritos. Pois os conceitos da geometria que se pretende verificar experimentalmente são postos em relação com as grandezas da física, que são elas próprias afetadas pelo conjunto das propriedades da física (teoria da relatividade e teoria dos constituintes atômicos inclusive). A teoria física está em estado inacabado, e a resposta sobre a questão da geometria que podemos retirar da experiência será sempre relativa ao estado de nosso conhecimento na matéria: ela permanece no horizonte de nosso conhecimento. A verificação que fazemos é, portanto, marcada por escolhas de nossa parte, e notadamente pela do grau de aproximação com que nos contentamos.

A esse respeito, para Einstein, passava-se com a questão da natureza da geometria do mundo físico a mesma coisa que ocorre com toda decisão sobre a significação física de um resultado de experiência. Este último não basta para dar logicamente a resposta: podemos apenas nos apoiar sobre ele para efetuar a escolha que estimamos a mais apropriada.

Outra questão que já tinha sido levantada pelas geometrias não-euclidianas, e que recebia da relatividade geral nova atualidade, diretamente ligada à apreensão que se pode ter do mundo físico real, era a da possibilidade de se representar intuitivamente um espaço (de três dimensões) curvo.

É verdade que não nos representamos diretamente um espaço de três dimensões que não seja euclidiano (que seja esférico, ou hiperbólico, por exemplo), porque nossa aprendizagem do espaço foi a de nosso espaço localmente quase euclidiano. Mas é possível ter a representação desse espaço reconstituindo-o pelo raciocínio, como Einstein propunha em uma de suas obras. O ponto de partida pode ser um espaço de duas dimensões. Reconstrói-se facilmente um espaço de três dimensões como se constitui um volume a partir dos elementos de superfície de duas dimensões (por exemplo, imaginando um centro de projeção exterior à superfície): sabemos fazê-lo para um espaço euclidiano, a partir de elementos de superfície do plano. Para um espaço não-euclidiano, basta imaginar operações semelhantes a partir de elementos de uma superfície curva. Isso escapa à nossa imaginação, mas não à nossa capacidade de construção mental.

Para manter a representação intuitiva, e ter em vista as propriedades de um espaço não-euclidiano, é mais fácil raciocinar somente com duas dimensões. É o que já fazia Riemann quando queria mostrar que um espaço não-euclidiano podia não ter limites mesmo sendo finito (propriedade que não tem o espaço euclidiano, sem limites e infinito). Ele dava como exemplo a superfície de uma esfera, que pode ser considerada como um espaço curvo de duas dimensões, se esquecermos a terceira, a do volume, em que habitualmente somos levados a vê-las mergulhadas. Essa superfície é desprovida de limites (ou fronteiras) e é ao mesmo tempo finita, visto estar fechada sobre si mesma; portanto, ao mesmo tempo ilimitada e finita. Riemann ilustrava assim a diferença entre uma propriedade topológica (ter ou não limites) e uma propriedade métrica (de que depende o fato de ser ou não infinito).

Einstein retomava esse exemplo, invocado igualmente por Helmholtz e por Poincaré, para mostrar como seres pensantes habitantes de um universo esférico de duas dimensões se representariam um tal espaço. Mas propunha uma conclusão diferente da de Poincaré. Este considerava que os habitantes desse mundo tomariam como natural a sua geometria e estabeleceriam uma física a partir de grandezas espaciais não-euclidianas; mas se nós próprios fôssemos a tal mundo, não mudaríamos os nossos hábitos e conservaríamos a geometria euclidiana de nosso lugar de nascimento e de formação, elaborando a partir dela uma física adaptada a esse mundo diferente. De modo que nem eles nem nós poderíamos realmente dizer qual é a geometria desse espaço. Poincaré queria mostrar assim que essa questão não tem sentido, e que lhe damos a resposta que nos é mais cômoda.

Para Einstein, ao contrário, os seres que habitam esse mundo esférico poderiam constatar diretamente o caráter não-euclidiano de seu universo utilizando apenas noções geométricas e sem sair de seu espaço. Não teriam necessidade alguma de fazer uma viagem cósmica fora de seu mundo para se dar conta de sua estrutura. Bastar-lhes-ia verificar que ele é "finito e, entretanto, sem limites", e poderiam fazê-lo simplesmente ao estudar a estrutura geométrica local do espaço deles.

9
O Velho que não joga dados

Depois de ter contribuído consideravelmente para o conhecimento e para o desenvolvimento da física dos *quanta*, Einstein assistiu com interesse à elaboração da mecânica quântica, manifestando, ao mesmo tempo, reservas quanto ao caráter definitivo dessa teoria, afirmado por seus autores. Estes a apresentavam como a teoria fundamental, cuja necessidade ele fora o primeiro a exprimir, e sobre a qual havia dado algumas indicações, como a dualidade onda-corpúsculo ou a estatística não clássica das partículas indiscerníveis. Esses caracteres deviam ser entendidos, a seu ver, como traços dos fenômenos nos quais uma teoria deveria se apoiar, mas transcendendo-os, numa formulação mais geral, pela elaboração de conceitos que iriam além, por exemplo, dos de onda e de partícula. Ele esperava de uma teoria, entendida num sentido fundamental, que ela descrevesse sem ambigüidade a realidade física, referida a eventos tais como sistemas físicos individuais em interação, segundo uma causalidade espaço-temporal (isto é, compatível com a relatividade restrita). A dualidade e a probabilidade que figuravam na sua teoria semiclássica de 1916 sempre lhe pareceram a marca de uma insuficiência teórica, mesmo sendo efetivas de um ponto de vista fenomenal.

Ora, a mecânica quântica não somente não explicava esses caracteres, mas fazia deles sua pedra angular, a partir da qual desenvolvia um formalismo matemático elaboradíssimo, mas cuja significação física só era obtida mediante regras de interpretação, que davam apenas um acesso indireto aos sistemas físicos representados. Uma dessas regras, a mais importante talvez, estabelecida por Max Born (retomando, aliás, observações emitidas pelo próprio Einstein), era a interpretação probabilista da "função de onda" (esta última, chamada também de "vetor de estado", representa o sistema físico descrito): a função de onda fornece a probabilidade para um sistema físico de estar em um dado estado (por exemplo, um átomo em um dos seus estados de energia possíveis). Einstein aceitava igualmente essa interpretação de Born da função de onda, que ele concebia estatisticamente, para conjuntos de sistemas físicos.

A mecânica quântica, como estrutura teórica, compreende regras de operação sobre as grandezas matemáticas destinadas a representar as variáveis físicas (energia, momento angular, etc.) e de colocação em correspondência dessas grandezas com as observações experimentais, como a regra prescrevendo que a função de onda que descreve o sistema sofre, no momento da observação ou da medida deste último, uma "redução" em um de seus estados possíveis, aquele efetivamente observado. Essa regra prática era erigida em "princípio", e mesmo em um dos "princípios" fundamentais da teoria. Tal princípio, na realidade, tinha implicações no plano filosófico, já que ele tornava a observação inerente à definição de um sistema físico, o que excluía a idéia de uma realidade física independente.

De fato, a interpretação proposta da mecânica quântica não se limitava só ao plano da física. Às interpretações físicas das grandezas teóricas, seus fundadores haviam considerado a necessidade de acrescentar uma interpretação de outra natureza, epistemológica ou mesmo filosófica, relativamente às modalidades particulares e novas do conhecimento às quais a teoria, segundo eles, obrigava; modalidades que eles estendiam, aliás, para além da mecânica quântica, ao conhecimento em física de uma maneira geral. A concepção sobre o conhecimento que acompanhou assim a mecânica quântica desde o berço foi formulada por Niels Bohr como o "ponto de vista" (ou a "filosofia", ou o "princípio") "da complementaridade"; também é designada como "a interpretação de Copenhague" ou "interpretação ortodoxa", em razão da supremacia que ela exerceu durante várias gerações.

Essa situação não satisfazia em absoluto Einstein, que formulava críticas contra a nova teoria na medida em que ela lhe parecia insuficiente do ponto de vista da física, e cuja interpretação filosófica apresentada como "obrigatória" ele recusava, e na qual não via, de sua parte, senão a expressão de uma filosofia operacionalista e positivista.

A respeito da teoria, ele praticou o método crítico que havia empregado em sua "fase construtiva", para tornar evidente desta vez a falha da couraça da nova teoria apresentada como "completa e definitiva". Teve de constatar seu alto grau de coerência, que resistiu às suas objeções e aceitou as "relações" ou "desigualdades" de Heisenberg, entre grandezas "conjugadas" ou "incompatíveis", isto é, que não podem ser objeto de uma determinação simultânea. Nessas relações, chamadas freqüentemente "de incerteza" ou de "indeterminação" (vestígio das condições filosóficas de origem), que marcam, com efeito, os limites de validade dos conceitos clássicos em física quântica[4],

---

4. Por exemplo, a posição (x) e o impulso (p), que não podem ser conhecidos simultaneamente com uma precisão tão grande quanto se quer: $\Delta x . \Delta p \geq h$ (h é a constante de Planck reduzida definida anteriormente).

Einstein via condições a respeitar para toda teoria futura. Mas sempre manteve distância no que concerne aos problemas de interpretação. "Não me satisfaço", escrevia a Max Born em 1953, "com a idéia de que se possui uma maquinaria que permite profetizar, para a qual não se é capaz de dar um sentido claro."

A mecânica quântica, válida em seu domínio e cujo alcance prático ele julgava inegável, parecia-lhe incerta quanto a seus fundamentos e "incompleta" (isto é, insuficiente para descrever os objetos de que ela trata). Suas exigências a esse respeito refletiam a lição de seus trabalhos na direção da teoria do campo, inaugurados pela relatividade geral. No estágio que ela havia atingido, a física não podia mais se contentar com ser uma simples descrição mais ou menos empírica. Ela deveria, um dia ou outro, reunir numa unidade mais alta a teoria da matéria elementar e a da gravitação: para além de suas críticas imediatas, é em tal programa que ele pensava constantemente. Ora, Einstein contestava que a mecânica quântica pudesse servir de ponto de partida para uma teoria mais fundamental desse gênero. Não impunha, apesar disso, à física quântica as exigências que formulava para uma teoria do campo: ele se perguntava apenas se ela podia servir de base para ir mais longe nessa direção. Era preciso, para isso, que ela fosse, em algum grau, fundamental e "completa", e era em relação a suas pretensões a esse respeito que ele a interrogava.

Quanto ao aspecto filosófico do debate, o "princípio de complementaridade" de Bohr lhe parecia obscuro, não deixando de ser mais do que um manto colocado sobre a teoria para esconder dificuldades conceituais. Ao criticar esse conjunto então indissociável que constituiu por muito tempo a mecânica quântica e sua interpretação, não somente física, mas também filosófica, Einstein mostrava-se preocupado com preservar a autonomia da interpretação física, exigindo ao mesmo tempo da teoria que satisfizesse certas exigências, de natureza teórica e metateórica.

Seus interlocutores (Niels Bohr e Max Born, principalmente, que eram amigos seus) o criticavam por sua filosofia e sua "metafísica" realistas. Mas, replicava-lhes ele, também eles raciocinavam no interior de um quadro epistemológico, que tinham, aliás, tendência a confundir com prescrições físicas, ao passo que esse quadro dependia de uma posição filosófica a respeito do conhecimento. "Você está convencido", escrevia ele em 1950 a Max Born, "de que não existem leis (completas) para uma descrição completa, em conformidade com o princípio positivista *Esse est percipi* (Ser é ser percebido). Ora, isso é um programa, não ciência. É aí que se encontra a diferença fundamental de nossas posições." Einstein não queria renunciar à possibilidade para uma teoria de descrever uma "realidade física" independente dos atos de observação.

O cuidado, precisamente, de desvincular a argumentação física de posições filosóficas fez com que imaginasse uma situação que seria, pensava ele, aceitável para todo mundo, independentemente das idéias que cada um, por outro lado, pudesse professar, e que mostrasse o caráter incompleto da mecânica quântica. Essa objeção à interpretação "de Copenhague" é conhecida como o "argumento EPR", que constituiu o objeto de um artigo, publicado em 1935, na *Physical* Review, redigido por Einstein em colaboração com Boris Podolsky e Nathan Rosen. Einstein retomou a essência de seu argumento em escritos posteriores, procurando, a cada vez, melhorar-lhe e precisar-lhe a formulação. Seu debate com Bohr sobre esse assunto permitiu identificar um conceito especificamente quântico, já incluído no formalismo da mecânica quântica mas não explicitado, a *inseparabilidade* ou *não localidade* (ou ainda *não separabilidade local*). Bohr formulou-o em termos que o vinculavam estreitamente à sua filosofia da observação e da complementaridade, e foi de fato Einstein quem lhe deu a expressão mais clara, em termos diretamente físicos. De modo geral, as objeções de Einstein, em seu debate com Bohr e com outros, tiveram um efeito de clarificação das concepções quânticas que contribuiu para libertá-las da ganga de sua interpretação filosófica original.

O argumento de Einstein diz respeito a uma *experiência de pensamento* em que duas partículas (por exemplo, dois átomos, U e V), provindas de um mesmo sistema físico (uma molécula) e portanto correlatas entre si em seu estado inicial, conservam alguma coisa dessa correlação depois de sua separação, seja qual for o seu afastamento. (Por exemplo, uma lei de conservação continua a relacionar grandezas que elas tenham tido em comum, energia, quantidade de movimento, momento cinético ou *spin*, etc.) Supõe-se (hipótese de *separabilidade local*) que os dois subsistemas (átomos) afastados não entretêm mais interação, nem ligação entre si. Uma medida sobre um, nesse caso, não pode afetar o outro. Mas a correlação faz com que se possa determinar o estado de um dos sistemas físicos (por exemplo, um dos dois átomos finais, U), relativamente a uma das grandezas (submetida à lei de conservação) que o caracterizam (A), sem medi-lo diretamente, apenas pela medida do outro (V). Obteríamos uma outra determinação do mesmo estado do sistema pela medida, ainda no outro sistema (V), de uma outra grandeza (B), vinculada à primeira pelas relações de Heisenberg[5] ("incompatível" com ela, no sentido em que elas não podem ser utilizadas ao mesmo tempo na medida de um mesmo sistema). Cada uma das duas medidas

---

5. $\Delta A.\Delta B \geq h$.

(independentes) sobre o segundo átomo (V) conduziu, entretanto, à determinação (indireta, sem medida) do estado do primeiro subsistema ou átomo (U). Cada determinação corresponde a uma função de onda[6] e, portanto, o primeiro subsistema, suposto estar num dado estado físico, independentemente de seu antigo companheiro medido, é finalmente descrito por duas funções de onda diferentes. Isso é incômodo caso se considere que a função de onda descreve o estado de um sistema físico individual, como se tem o direito de esperar de uma teoria completa.

Duas possibilidades se apresentavam. Seja que a função de onda não descreve estados individuais, mas só conjuntos estatísticos de estados: neste caso, nada obriga a uma univocidade entre a função de onda e o estado, e as predições da teoria serão sempre de natureza estatística. Seja que a hipótese (ou princípio) de "separabilidade local" não é respeitada pela natureza; e, observava Einstein, é verdade que esta hipótese é estranha à mecânica quântica, mas ela lhe parecia necessária para pensar os sistemas físicos. Einstein escolhia a primeira solução, isto é, que a mecânica quântica não descreve os sistemas individuais, de onde o seu caráter incompleto.

Assim, mesmo tendo recusado a não separabilidade local, Einstein a esclareceu melhor do que ninguém e suas considerações estão na origem da colocação dela em evidência como uma propriedade especificamente quântica. Os trabalhos de John Bell (em 1964), efetuados seguindo a linha do raciocínio de Einstein, mostraram que a hipótese de separabilidade local era contraditória com a mecânica quântica; desde então, só a experiência permitiria escolher entre as duas (isso foi realizado em 1981 por

---

6. Para U, Ψ_A pela medida de A sobre V, e Ψ_B pela medida de B sobre V (sendo a correlação, por exemplo, $A_U = -A_V$ e $B_U = -B_V$).

Alain Aspect, que concluiu pela não separabilidade local dos sistemas quânticos).

É interessante perguntar qual é a *estrutura* dos argumentos de Einstein sobre a mecânica quântica (argumentos que culminam com o seu enunciado do princípio da separabilidade ou de localidade), que fazem intervir as categorias ou as noções de *realidade,* de *observação,* de *determinismo,* de *caráter estatístico* das representações, de *teoria completa.* Esses elementos "metateóricos", epistemológicos ou filosóficos, que ocupam de maneira geral um lugar central em seu pensamento, além do simples caso da mecânica quântica, estão organizados em certa ordem de prioridade.

O problema da *realidade física* é proposto em primeiro lugar. Para os físicos quânticos "ortodoxos", ele confundia-se com a questão da observação e da medida. Para Einstein, ao contrário (e era o que queria mostrar), a *realidade física* pode ser pensada, e portanto descrita, independentemente do ato de medida. Explicando ao amigo Michele Besso que ele "defende [defendia] o bom Deus contra a Idéia de um pretenso jogo de dados contínuo", frisava que era "o bom Deus", em outras palavras, o Real, a realidade, ou ainda a Natureza, que estava no centro de suas observações sobre a interpretação da mecânica quântica. Nota-se aqui que a referência ao "jogo de dados", como na expressão "Deus não joga dados", que empregava de bom grado, é, com efeito, uma maneira abreviada e de forte impacto de designar um estado de coisas mais complexo do que a exigência imediata de determinismo ou a recusa das probabilidades, mas diz respeito a todos os aspectos da *interpretação.*

É em seguida a exigência de *completude teórica* que vem requerer para cada elemento caracterizado da realidade, a existência de uma grandeza teórica definida. O *princípio de localidade* ou de *separabilidade local* permite então designar um sistema físico real e falar do estado em que ele se encontra independentemente do fato observado ou não. A conclusão sobre o *não determinismo* só se impõe em último lugar, sendo demonstrada incompleta a teoria pelo uso do conjunto dos elementos que precedem, como vimos acima. Deve-se entender, quando ele afirma que Deus "não joga dados", a cadeia imbricada das considerações precedentes.

Einstein escrevia, em 1949, que acreditava

> que a teoria quântica contemporânea representa a melhor formulação dos fenômenos que se podem estabelecer a partir de conceitos que, no essencial, provêm da mecânica clássica. Entretanto, creio também que essa teoria não fornece nenhum ponto de partida válido para um desenvolvimento futuro. É principalmente essa convicção que me separa dos físicos contemporâneos.

Nessa perspectiva, não bastava emendar superficialmente a mecânica quântica para chegar a uma teoria completa. "Não é possível desembaraçar-se do caráter estatístico da teoria quântica atual acrescentando simplesmente algo a essa teoria sem mudar os conceitos fundamentais relativos à estrutura inteira", afirmava (aludindo às "teorias com variáveis ocultas" deterministas de Louis de Broglie e de David Bohm). A solução, a seu ver, não poderia vir senão da adoção de um ponto de vista radicalmente novo.

"Você acredita no Deus que joga dados", escrevia Einstein a Max Born, "e eu, somente no valor de leis em um universo que existe objetivamente, que busco apreender de maneira selvagemente especulativa." Evocava muitas vezes também sua "fé profunda na inteligibilidade da natureza". "Deus, isto é, a Natureza", como para Espinosa (mas Einstein a chama também de "o Senhor" e mesmo, em seu vocabulário familiar, "o Velho"), não se recusa à nossa inteligência, mas o caminho que "Ele" permite ao nosso conhecimento pela razão é longo, indireto e difícil. ("O Senhor é sutil mas não é mau", disse ele em outra oportunidade.)

O contraste entre fatos de superfície e a profundeza da (difícil) compreensão fundamental ficou bem evidente na seguinte explicação abreviada, em uma carta a Michele Besso, em 1950: "Em minha longa existência, aprendi uma coisa: é uma dificuldade dos diabos aproximar-se 'd'Ele', desde que se queira abandonar o que se encontra na superfície". Em sua linguagem imagética, Einstein personificava o objeto da compreensão ao qual visava o fundamental: "Ele", no sentido que vimos, "o Velho", isto é, a natureza inteligível.

10
Da livre invenção

Einstein concebia sua própria trajetória no trabalho científico como uma pesquisa pessoal e uma busca, cujo objeto era o conhecimento da natureza, deste mundo de que fazemos parte, tendo em vista a verdade. (O projeto que o habitava era, basicamente, conhecer a *verdade* sobre a *realidade*.) Essa pesquisa, para ele, tomava as vias da física, mas era o caminho rumo ao objetivo entrevisto que contava antes de tudo, mais provavelmente do que os resultados propriamente ditos, sempre insatisfatórios e provisórios, sempre a serem retrabalhados. Ele gostava de citar esta frase de Lessing: "A busca da verdade vale mais do que a sua posse". A reflexão sobre o que era esse objeto de busca, esse caminho para chegar a ele, esse objetivo e esse próprio fim, fazia parte de pleno direito de sua própria pesquisa, e do movimento de seu pensamento.

O interesse prático da pesquisa (o que se poderia tirar dos resultados) não era o que lhe interessava, embora tenha sido engenheiro no Escritório das Patentes no início da carreira e lhe acontecesse registrar ele próprio patentes de invenções técnicas, mas à margem de suas pesquisas fundamentais. Esse tipo de preocupação era totalmente independente de suas escolhas sobre os problemas de física que achava importante resolver. Da mesma forma, sua própria glória científica mostrou-lhe bem o poder e o prestígio que a ciência podia conferir, mas não era essa tampouco a motivação pessoal para a ciência.

Ele foi, durante cerca de vinte anos (de 1907 a 1925), para a comunidade internacional dos físicos, aquele que "dava o tom", propondo as mais novas idéias, retomadas pelos outros pesquisadores, tanto para a física dos *quanta* quanto para a teoria da gravitação. Mas não foi por sua própria vontade: ele não desejava determinar modas. Simplesmente tivera sorte; em certo período, as vias que explorava davam provas de fecundidade. Mas o que lhe importava era seguir o caminho que ele próprio traçara para si, seguindo as suas próprias exigências de inteligibilidade.

No auge da celebridade, abandonou, para decepção da grande maioria de seus colegas, as correntes dominantes da pesquisa em física para perseguir, por um caminho cada vez mais afastado, a "sua quimera". Muita gente ainda se espanta com isso, como se fosse uma espécie de suicídio intelectual e científico. Mas a pesquisa no sentido em que Einstein a concebia não era da ordem de uma estratégia que buscava um consenso social. Era, no seu caso (como em muitos outros), a expressão de uma necessidade interior, no que diz respeito tanto à *finalidade* quanto à *inteligibilidade*. Os seus frutos podem se fazer esperar e, aliás, nada garante que haverá frutos. É um risco, uma escolha, uma livre escolha.

Esse risco assumido na própria carne, por assim dizer, tem a ver diretamente com sua concepção do trabalho científico como uma atividade criadora: sem liberdade e sem risco, não haveria criação. E, como toda criação, esse trabalho do pensamento, que jamais termina, isto é, a pesquisa científica, põe em jogo a unidade profunda de toda uma atitude de vida.

Nesse caminho, a cada passo, o pesquisador pode confortar-se com uma "imagem do mundo", que acompanha seu trabalho e corresponde à função deste. Está na natureza do homem formar para si tal imagem, mesmo no nível elementar da vida cotidiana, frisava Einstein numa conferência sobre "Os princípios da pesquisa científica", pronunciada em 1918, em homenagem a Max Planck, que gostava, precisamente, de empregar a expressão "imagem do mundo". Cada qual a seu modo, escrevia ele, o pesquisador como o pintor, o poeta ou o filósofo, propõem para si tal imagem, de que fazem o eixo de sua vida emocional. A que o cientista imagina caracteriza-se por uma exigência muito grande de rigor e de exatidão, mas também, em contrapartida, por seu caráter limitado e simplificado, em razão dessa mesma exigência, que o faz negligenciar o que é mais delicado e complexo. Tratava-se mesmo de uma "imagem do mundo", para Einstein, apesar da relativa modéstia do propósito, isto é, do objeto visado e da limitação devida ao método, no que tange ao cientista (ao físico teórico), em razão do caráter universal das proposições de sua construção intelectual, da generalidade das leis que consegue formular.

Essa motivação para o conhecimento é antes de tudo de ordem estética; é a mesma da arte, e procede do mesmo movimento. Einstein escrevia: "Creio, com Henri Poincaré, que a ciência merece ser buscada, pois revela a beleza da natureza". Esta última, no caso da ciência, é-nos revelada na "alegria da compreensão", e as exigências da compreensão, a bem dizer, guiam o procedimento. Quando Einstein emprega as palavras "estética" ou "harmonia" a respeito do objeto de suas pesquisas, designa exigências de razão muito precisas, as que fazem a inteligibilidade. A finalidade da ciência é compreender (pelo pensamento) "tão completamente quanto possível as conexões entre a totalidade das experiências dos sentidos", e essa finalidade é (provisoriamente) atingida quando se chega a ela "mediante um mínimo de conceitos primeiros e de relações, buscando, tanto quanto possível, a unidade lógica na imagem do mundo, isto é, um pequeno número de elementos lógicos".

Para chegar a isso, o pesquisador utiliza toda a paleta das disposições do espírito que, se fossem tomadas isoladamente e sendo cada uma exclusiva das outras, corresponderiam às diversas doutrinas das filosofias ou das epistemologias sistemáticas. Não é de doutrina sistemática, mas de tendências do pensamento que se trata quando se invoca, como Einstein num texto de 1949, a atitude *realista* do pesquisador quando "procura descrever um mundo independente dos atos da percepção", e sua tendência *idealista* quando "ele considera os conceitos e as teorias como livres invenções da mente humana (elas não podem ser deduzidas logicamente do dado empírico)". Pode também pensar "como um *positivista* se considerar que seus conceitos e suas teorias não são justificadas *senão* na medida em que fornecem uma representação lógica das relações entre as experiências dos sentidos". Enfim, ele se aproximaria do *pitagórico* ou do *platônico* quando "considera que o ponto de vista da simplicidade lógica é um instrumento indispensável e efetivo da pesquisa".

Isso exprimia, sem a rigidez das doutrinas, que o pesquisador experimenta a necessidade, em relação a seu projeto, de levar em conta a existência da realidade exterior, a natureza do processo de conceitualização, a lógica interna das proposições, o elo dessas últimas com a observação e com as impressões sensoriais, o critério de simplicidade.

Einstein fez tentativas de descrever o funcionamento da mente, tanto no domínio da vida comum quanto no do trabalho científico. Ambos se exprimem em termos muito próximos, sendo a diferença essencial, a seu ver, a natureza mais ou menos precisa dos conceitos que se empregam. O pensamento consciente forma suas representações mentais sobre um fundo de pensamento subconsciente ou inconsciente, vinculado a ele sem descontinuidade. Utiliza sistemas de sinais ligados entre si por regras. Quando esses sinais são palavras que formam a linguagem, eles entram em correspondência com as impressões dos sentidos, e é a estabilidade dessa correspondência que assegura a conexão da linguagem com a inteligibilidade. Essas regras e relações são aprendidas na infância, "*principalmente pela intuição*". A linguagem torna-se, então, um instrumento de raciocínio, com o uso de conceitos abstratos.

Mas, depois do aprendizado da língua, o pensamento opera primeiro com signos, antes de se exprimir em palavras (segundo a experiência de Einstein, tal como ele a relata). "Está fora de dúvida para mim que nosso pensamento se desenvolve em grande parte sem fazer uso de palavras, e até, em um grau elevado, de maneira inconsciente", escreve, precisando, por outra parte, que "as palavras e a linguagem, escritas ou faladas, não parecem desempenhar o menor papel no mecanismo do meu pensamento", e indicando ainda: "Penso muito raramente por meio de palavras. Um pensamento vem, e posso tentar exprimi-lo em palavras *a posteriori*". E mais:

> As entidades psíquicas que servem de elementos ao pensamento são certos signos ou imagens mais ou menos nítidas, que podem "à vontade" ser reproduzidos e combinados. Existe naturalmente uma relação entre esses elementos e os conceitos lógicos em jogo. É igualmente claro que o desejo de chegar finalmente a conceitos logicamente ligados é a base emocional desse jogo bastante vago sobre os elementos de que falei. Mas, do ponto de vista psicológico, esse jogo combinatório parece ser uma

característica essencial do pensamento produtor [criador], antes que haja passagem à construção lógica por meio de palavras ou de outros tipos de signos que possam ser comunicados a outrem. Os elementos que acabo de mencionar são, no meu caso, do tipo visual e por vezes motor.

Parece que haveria uma contradição entre o caráter de jogo pessoal e livre do pensamento com esses elementos ou signos e as coerções que pesariam, ao contrário, sobre o raciocínio científico (principalmente pelo seu vínculo com os dados de experiência). Mas acontece o mesmo, no fundo das coisas, com a livre associação dos signos mentais no pensamento em geral, que se ligam às impressões sensoriais, e para o livre jogo dos conceitos e outros elementos racionais do pensamento científico em sua tentativa de chegar a uma representação teórica dos fenômenos da natureza. É que, com efeito, Einstein recusava a concepção indutiva do conhecimento e adotava a idéia, afirmada no século XVIII por David Hume, de que nenhuma via indutiva nos conduz logicamente dos fatos de experiência à teoria, estimando, com Poincaré, que a teoria e os conceitos que ela emprega, como os símbolos que utiliza, são "livres construções da mente humana"; essas construções se apóiam, por certo, na "sugestão dos fatos de experiência" para serem traduzidos em proposições de alcance geral (como o princípio de relatividade ou o de equivalência, ou como tais conceitos físicos).

Muito cedo Einstein já tomara consciência desses problemas, e fizera as observações que precedem, elaboradas por sua experiência e apoiando-se em leituras filosóficas (em particular, as da juventude). Um dos ensinamentos que tirou de seu trabalho sobre a teoria da relatividade geral tinha sido o de fazê-lo ver nessa questão uma chave dos problemas epistemológicos mais importantes: nunca cessou, desde então, de insistir na "liberdade do ponto de vista lógico" do pensamento que efetua uma construção teórica em relação ao mundo dos fenômenos, aos dados da experiência. Ele observava, desde 1914, que não existe método geral para obter os princípios teóricos, que são necessários à resolução dos problemas. O mesmo se dá com os conceitos, cuja natureza, como a dos princípios, remete a dois caracteres essenciais: de um lado, sua origem se encontra em nossa experiência, mas, de outro, são construídos livremente pelo pensamento.

O hábito adquirido de associar de maneira bem definida conceitos ou relações de conceitos, ou proposições, a certas experiências dos sentidos faz que "não tenhamos consciência do abismo, intransponível logicamente, que separa o mundo da experiência sensorial do dos conceitos e das proposições", e que não notemos o seu caráter de livres invenções.

Ao negar a relação de necessidade lógica, Hume havia libertado a relação entre os fenômenos (a natureza) e os conceitos. A partir daí, estes últimos podiam mudar (Mach), podemos escolhê-los livremente (Poincaré, Einstein): essa "liberdade lógica" permitia construir os conceitos e as representações teóricas segundo uma escolha de regras que pareçam as mais adequadas. Vê-se como, com a leitura de Hume, de Mach e de Poincaré, Einstein estava imbuído da liberdade intelectual, entendida no sentido fundamental, constitutiva de seu pensamento desde a juventude. A "liberdade lógica" do pensamento em relação aos dados da experiência pode ser uma "liberdade de um gênero especial", e suas possibilidades serem condicionadas por exigências sobre a teoria e sobre o objeto real a que visa esta última, e nem por isso ela deixa de fornecer um espaço à criação e à invenção.

Aos olhos de Einstein, todo trabalho científico é do domínio, em algum grau, de uma criação no sentido de invenção (sob esse aspecto, aproxima-se da obra de arte), e essa dimensão é ainda mais marcada pelo fato de que esse trabalho reserva um amplo espaço para a "intuição". A atividade criadora em matéria de pesquisa científica supõe, antes de mais nada, que se dê "uma concepção clara do objetivo". O trabalho, ou o "jogo", sobre as relações formais fornece então os meios de abordar "intuitivamente" os elementos físicos do problema. Para Einstein, na verdade, a ciência é possível porque ela não fica colada na experiência imediata, porque lança sobre a experiência e sobre o mundo um olhar exterior e soberano (ela forma para si uma imagem do mundo, ela não reflete o mundo).

A "intuição" desempenha evidentemente um papel central na criação científica assim concebida. Para Einstein, a experiência do conhecimento é ao mesmo tempo a da aquisição da intuição (a intuição física, que ele chama também de seu "instinto científico"). Seja no estágio da invenção (veja-se a relatividade restrita e geral), ou no da avaliação e da crítica (vejam-se as suas observações sobre a física quântica), ela opera na racionalidade, mesmo sendo formada numa experiência singular. Einstein descreveu assim a intervenção da intuição:

> Uma idéia nova surge subitamente e sobretudo de modo intuitivo. Isso quer dizer que ela não é o fruto de conclusões lógicas conscientes. Mas, quando se repensa nisso *a posteriori*, pode-se sempre descobrir as razões que levaram inconscientemente ao que se adivinhou, e se encontra um caminho lógico que o justifica. *A intuição não é nada mais do que o resultado de experiências intelectuais anteriores acumuladas.*

A intuição física, sem a qual não haveria atividade criadora na pesquisa nesse domínio, é essencialmente uma atitude em relação à experiência (mas a experiência já esclarecida pela razão) e constitui uma compreensão em profundidade desta (ou, antes, desse conjunto ou desse corpo de experiências) para exprimir sinteticamente o seu conteúdo. Ela começa por uma "*penetração profunda da experiência*". É uma verdadeira "experiência vivida" do pensamento, psicológica e subjetiva, mas que diz respeito a elementos intelectuais, racionais, e que tem um efeito no próprio espaço desses elementos.

Existe, pois, para Einstein, uma faculdade de intuição, que opera no espaço deixado livre de relações lógicas e cuja função é racional. Essa função no processo de conhecimento é universal, mas a forma que toma é sempre individualizada e corresponde a um sentido (físico, no caso) peculiar a cada pesquisador. É, em suma, a própria "intuição" que faz o "estilo": os dois estão diretamente implicados na parte de *criação* do processo objetivante de conhecimento.

11
Pensamento e realidade

Ao se consagrar à pesquisa em física, Einstein não fazia mais do que se "esforçar humildemente por compreender uma parcela, por mínima que fosse, da razão que se manifesta na natureza". Os problemas necessariamente precisos e "técnicos" com os quais se defrontava em seus trabalhos de física nada mais eram do que a manifestação, nesse domínio, daquele, mais geral, da natureza ou do "mundo exterior", "colocado diante de nós como um enigma", e a possibilidade de conhecê-lo pelo pensamento. Essa preocupação primeira faz a particularidade de sua via própria e de sua maneira ou "estilo" de pesquisador: conhecemos, pelo que precede, o vínculo existente entre o seu pensamento crítico sobre a adequação da representação teórica a seu objeto e sua orientação na direção do "fundamental".

Essa preocupação se relaciona também diretamente com esta outra característica do procedimento de Einstein: a de que sua pesquisa era acompanhada pelo recuo da reflexão filosófica sobre questões como o objetivo da ciência, o gênero de verdade a que ela chega, a parte de nossas representações do mundo que fica inalterável para além das contingências de sua construção, ou ainda o funcionamento do pensamento racional. Essas reflexões eram nutridas por sua experiência, sua prática do trabalho científico, que pareciam acompanhar mais do que apenas seguir, consubstanciais numa mesma elaboração amadurecida na unidade de um pensamento. O pensamento e a obra de Einstein testemunham a favor da dimensão filosófica do trabalho científico.

Mas, ao mesmo tempo, essa preocupação está vinculada a uma qualidade comum aos homens e de igual importância filosófica: a aptidão deles em dar a si mesmos uma representação do mundo que os cerca. Num certo sentido, para Einstein, "a ciência é apenas um refinamento da vida de todos os dias" e, por essa razão, o cientista não deve limitar sua "reflexão crítica a um estudo dos conceitos de sua especialidade", deve estendê-la a um exame do pensamento cotidiano, para atingir uma tomada de consciência mais profunda da significação dos elementos do conhecimento. O pensamento da vida cotidiana levanta, assim como a ciência, as questões da realidade, do pensamento e do acesso do pensamento à realidade nessa esfera de apreensão. Em um de seus grandes textos epistemológicos, *Física e realidade* (1935), escreveu ele:

> Que o conjunto de nossas impressões sensíveis seja de tal modo constituído que o pensamento possa ordená-lo (manuseio de conceitos, criação e aplicação de relações funcionais determinadas entre si, e seu vínculo com impressões sensíveis), aí está um fato de que não podemos senão nos admirar e que nunca chegaremos a conceber.

A lição vinha de Kant, e Einstein a exprimia assim: "Se o mundo não fosse inteligível, colocar a existência de um mundo exterior real não teria nenhum sentido".

O problema fundamental do pensamento filosófico de Einstein, em torno do qual se organizam as suas próprias análises, é o da realidade do mundo e de sua inteligibilidade, isto é, da capacidade do pensamento humano de penetrá-lo, de se dar dele uma representação "verdadeira" (embora provisória), que não seja ilusória ou precária. O interesse de Einstein pela filosofia e pela epistemologia sempre se manteve muito vivo, ao longo de toda a sua existência, desde o período de sua formação e de suas primeiras leituras dos filósofos e dos "cientistas-filósofos".

Pretendeu-se, às vezes, que, em suas primeiras pesquisas, mais próximas da experiência e dos fenômenos, Einstein teria sido tributário de posições empiristas ou positivistas e que teria passado em seguida a uma via ora idealista (em sua busca do campo unitário), ora realista (em suas críticas à mecânica quântica). Mas nada, nos documentos conhecidos, permite dizer que tivesse sido empirista ou positivista na juventude: sua atenção aos fatos da experiência nunca foi exclusiva, e ele reservava aí a parte que esses fatos devem à atividade racional; conferia ao conhecimento teórico um alcance que ia bem além de uma simples colocação em relação dos dados dos sentidos, e que designava estruturações objetivas.

Seu interesse pela crítica dos conceitos da mecânica clássica proposta por Mach, e pelas lições deste sobre o caráter construído e provisório de qualquer conceito e de qualquer teoria, não implica nenhuma adesão à filosofia "empirista-crítica" de Mach, que reduzia todas as questões do conhecimento a relações entre "elementos de sensação". Se retomava como sua a idéia, desenvolvida por aquele físico, da ciência como "economia de pensamento", foi sempre "no sentido lógico e não psicológico", isto é, num sentido objetivo (referido a uma propriedade dos fenômenos) e não como uma simples disposição mental, num sentido subjetivo (que era aquele em que Mach o entendia).

Nada na evolução do pensamento de Einstein mostra uma reviravolta filosófica. Podemos constatar, e isso é bem diferente, um aprofundamento de uma tendência já visível bem cedo, sobre o caráter de construção racional de uma representação da realidade: essa construção parecia cada vez mais abstrata e indireta (ele indicava essa característica quando falava dela como de suas "especulações"). Anunciava que os "conceitos básicos e os axiomas estarão cada vez mais afastados daquilo que é diretamente observável" e "o confronto das implicações teóricas com os fatos será sempre mais difícil e mais longo de se estabelecer".

Essa convicção estava relacionada com a lição que tinha tirado da teoria da relatividade geral:

> Jamais uma coleção de fatos empíricos, por mais extensa [que seja], pode levar a estabelecer equações de acesso tão difícil [quanto as da gravitação]. Uma teoria pode ser testada pela experiência, mas nenhuma via que leve da experiência ao estabelecimento de uma teoria é dada ["Notas autobiográficas"].

Do ponto de vista da metodologia, isso acarretou uma mudança, em sua concepção e em seu trabalho prático, no que diz respeito ao papel atribuído à matemática e ao formalismo abstrato em física teórica: eles constituíam doravante, sob sua forma mais elaborada, o instrumento heurístico indispensável, mesmo permanecendo ordenados à física. Do ponto de vista epistemológico, a lição se traduziu daí em diante na sua insistência em enfatizar a "liberdade lógica" nas construções teóricas.

O próprio Einstein destacou igualmente a importância de outras idéias filosóficas sobre as suas próprias concepções. Em David Hume, Immanuel Kant e Henri Poincaré principalmente, encontrou elementos de reflexão que nutririam sua maneira de conceber a relação das representações teóricas com os dados de experiência e com as impressões dos sentidos.

Ele via o aporte principal da filosofia de Hume em sua insistência no procedimento empírico como fonte do conhecimento e principalmente em sua crítica da causalidade, através da qual o pensador inglês mostrava que a conexão causal não podia ser diretamente fornecida pelos dados dos sentidos. Mas o ceticismo humiano parecia-lhe insuficiente para estabelecer bases sólidas para o conhecimento: se o hábito pode suscitar crenças e previsões, ele é incapaz de conduzir à compreensão das relações e das leis. É nesse estágio que intervinha, para ele, de maneira igualmente decisiva, o pensamento de Kant, que completava a crítica humiana trazendo, por sua análise das condições de possibilidade do conhecimento, o que faltava na concepção de Hume, a saber, os elementos racionais que permitem ultrapassar o ceticismo e garantir a inteligibilidade.

Sabemos hoje, observava Einstein, que os conceitos invocados por Kant nada têm da necessidade interna que este lhes atribuía. Mas "o que é ainda certo na apresentação do problema por Kant, é a constatação de que, para pensar, utilizamos, com certo 'direito', conceitos que, do ponto de vista das conexões lógicas, são independentes da experiência dos sentidos". A lição de Kant retida por Einstein, para além das críticas legítimas de sua doutrina, encontra-se resumida na frase: "O real não nos é dado, é posto diante de nós como um enigma". Em outras palavras, é a racionalidade que esclarece e torna inteligível o mundo dos fenômenos e dos dados de experiência.

De Poincaré, Einstein retomava a idéia de livre escolha e de convenção, que permitia ultrapassar as insuficiências do empirismo e as do racionalismo kantiano (ou idealismo crítico). Mas o convencionalismo não podia ser, a seus olhos, um fim, deixando muito lugar ao arbitrário no caminho da compreensão. A desconexão lógica entre o real e o pensamento é superada por uma criação conceitual e teórica que faz uso da intuição e da decisão (sobre escolhas), ambas orientadas pela exigência de adequação à realidade, segundo a modalidade de uma verdadeira "imagem do mundo".

"Realismo crítico" seria provavelmente a melhor qualificação da filosofia do conhecimento de Einstein, tal como a vemos expressa nos textos onde são desenvolvidas as suas concepções epistemológicas e filosóficas, principalmente "Sobre o método da teoria física" (1933), "Física e realidade" (1936), "Observações sobre a filosofia de Bertrand Russell" (1944), "Notas autobiográficas" (1946), "Resposta às críticas" (1949). Tal como sobressai também de seu diálogo com filósofos contemporâneos, entre os quais Ernst Cassirer, representante considerável do neocriticismo, Moritz Schlick, inspirador do Círculo de Viena, Hans Reichenbach, campeão do empirismo lógico, Bertrand Russell, pioneiro da filosofia analítica e também filósofo humanista, assim como Émile Meyerson, Henri Bergson e outros mais.

Enquanto afirmava a estreita implicação da física e da filosofia (sobretudo quando a física se preocupa com a sua "base fundamental"), Einstein mantinha a necessidade de distingui-las claramente: em particular, o físico devia, a seu ver, evitar confundir o que é do domínio da física com o aspecto filosófico da interpretação. Por outro lado, podiam-se constatar as repercussões do desenvolvimento das ciências, e notadamente da física, desde um século, sobre as concepções gerais do conhecimento: Einstein as via como uma passagem do "realismo ingênuo" ao "realismo crítico", isto é, à concepção do caráter indireto do acesso à realidade. A física, escrevia ele, não está mais tão segura de compreender a essência dos fenômenos da natureza [...] como se vê pelo fato de que ela tenha tanta dificuldade para filosofar sobre o seu trabalho, uma atitude que teria desprezado há cem anos.

Segundo o "credo epistemológico" de Einstein, existe uma explicação, uma descrição racional da realidade física, que deve ser simples, baseada em um número restrito de princípios racionais de alcance fundamental e de proposições logicamente independentes. A realidade constitui a referência fundamental, e aí se encontra todo o sentido da invocação (desembaraçada de qualquer empirismo) da experiência, entendida de fato como a referência à realidade, de onde parte o pensamento, e à qual ele retorna ao termo de sua elaboração.

"O pesquisador, impelido pelos fatos da experiência", escrevia Einstein no apêndice do seu pequeno livro sobre a relatividade,

> desenvolve [...] um sistema de pensamento que, no mais das vezes, é logicamente construído a partir de um pequeno número de suposições fundamentais, que chamamos de axiomas. Denominamos um tal sistema de pensamento uma teoria. A teoria tira sua razão de ser do fato de que ela estabelece ligação entre um grande número de experiências isoladas; nisso reside sua "verdade".

É esse elo estruturado com a experiência que constitui o conteúdo físico da teoria, que é objeto considerado pelo "sentido físico", o qual se adquire pelo "contato direto com a experimentação", e que outra coisa não é senão a capacidade de relacionar um raciocínio teórico com uma situação física concreta.

Pouco depois da relatividade geral, Einstein foi levado a estabelecer uma distinção epistemológica, que manteria em seguida, entre dois gêneros de teorias, as que ele chama de "construtivas" e as que qualifica de "teorias de princípios". As primeiras visam dar diretamente uma explicação dos fenômenos, descritos por numerosos dados experimentais: elas se esforçam por colocá-los em ordem, com a ajuda de um formalismo relativamente simples, de hipóteses e de conceitos que definem grandezas físicas cujas propriedades são obtidas por dedução. Esse tipo de teoria é o que se encontra mais freqüentemente, e corresponde de fato à teoria física no sentido em que a entendia Boltzmann (a teoria cinética, a da radiação, a teoria quântica, eram, para Einstein, exemplos dela). Está ligado ao "sintético", no sentido em que Kant definia os "julgamentos sintéticos *a posteriori*" como os que se baseiam na experiência.

Vale a pena destacar o uso de uma terminologia kantiana. Ela serve também para caracterizar outro gênero de teoria, as teorias "de princípios", que "empregam o método analítico e não o método sintético", ao contrário das precedentes. A propósito dela, Einstein fornecia imediatamente a explicação seguinte: "Os elementos que formam sua base e seu ponto de partida *não são construídos a título de hipóteses, mas são propriedades gerais de fenômenos da natureza, são princípios*" descobertos a partir da experiência. Os dois estágios da teoria da relatividade obedecem a essa definição.

Da ausência de necessidade lógica na inferência das teorias, poder-se-ia deduzir (como fazem os "convencionalistas", ver Poincaré e Duhen) que existe, para um dado domínio de fenômenos, um número arbitrário de sistemas possíveis de física teórica, tão justificados uns quanto os outros. Mesmo admitindo que tal opinião seja em princípio fundamentada, Einstein julgava que isso não corresponde ao que a física nos mostra nem ao que ela é na realidade: constata-se uma unicidade teórica, ou pelo menos uma tendência para a unicidade. Unicidade e não-contradição eram, a seu ver, as características que se devem requerer de uma teoria em um dado domínio. Seria necessário ultrapassar as limitações do convencionalismo, caso se quisesse que uma teoria fosse uma representação da realidade. A realidade, mais estreitamente do que a experiência, mas ainda mais indiretamente, impunha aqui a sua condição de restrição.

Em face de uma situação em que "vários sistemas teóricos estão em condição de ligar os mesmos dados factuais, o único critério que permite adotar um de preferência a outro é o olhar intuitivo do pesquisador". Em outras palavras, para um dado pesquisador, uma das teorias equivalentes terá a preferência, em função de seu programa e de suas concepções metateóricas.

Quanto às contradições que aparecem numa representação teórica, ele admitia, como Poincaré, que refletem "relações verdadeiras", na medida em que se mostram irredutíveis, e que devem, como tais, ser levadas em consideração. As nossas imagens é que são contraditórias, estimava ele, não o podendo ser a realidade em nenhum caso, pela escolha de nosso programa sobre ela. Einstein aceitava pois, momentaneamente, essas contradições, mas estimando que a representação teórica que as contém deveria ser ultrapassada numa elaboração teórica ulterior (era o caso das dualidades conceituais onda e corpúsculo, campo contínuo e partícula singular, mas também o das duas teorias, heterogêneas e "pouco inclinadas à fusão entre si", mas contendo em si "uma parte da realidade", que eram a relatividade geral e a teoria quântica).

Em todos os casos, a teoria física é organizada em torno de *princípios* fundamentais, pelos quais Einstein demonstrava um interesse predominante, na esteira de Helmholtz, de Hertz, de Bolzmann principalmente.

A termodinâmica, estabelecida a partir de seus dois princípios (a conservação da energia e a irreversibilidade ou aumento da entropia dos sistemas fechados), pareceu-lhe sempre exemplar sob esse aspecto.

Os princípios, segundo a concepção que deles tinha Einstein, são "fatos empíricos generalizáveis", que podem ser traduzidos em um formalismo, mas a sua natureza é *física* (em conformidade com uma propriedade fundamental da realidade, que nos é dada pela experiência) antes de ser *formal*. Em uma teoria, os princípios funcionam como "restrições" às variantes teóricas possíveis (eles correspondem a condições físicas impostas a estas últimas pela natureza). Eles exprimem o conteúdo físico, referido a um conjunto de fenômenos, no que este conteúdo tem de essencial: são reduzidos, no interior de uma estrutura teórica, a um mínimo de proposições logicamente independentes. Uma vez que os princípios e conceitos fundamentais, constituídos em sistema teórico, não podem mais ser reduzidos logicamente, eles "constituem a parte inelutável, racionalmente inapreensível, de uma teoria": a opacidade deles é a marca do caráter irredutível de sua realidade.

Outros constituintes das teorias, sobre as relações das quais operam os princípios, os *conceitos*, que correspondem às grandezas, são condições do pensamento, sem os quais o conhecimento da experiência seria vazio. Racionalmente construídos, eles não estão necessariamente em relação direta com a experiência. Não estão isolados, e sua exatidão, sua verdade, ou sua justificação, vêm-lhes daquela do sistema teórico que constituem (não se pode falar da verdade de um conceito, mas somente da verdade de um sistema de conceitos). Eles têm um conteúdo físico e não são simples formas, que se poderia, por exemplo, reduzir à subjetividade ou ao sujeito transcendental kantiano. A análise dos conceitos da física, tal como Einstein a considerava, podia ser, em função da perspectiva buscada, genética (origem do pensamento), histórica (desenvolvimento e evolução) ou estrutural (lugar na teoria e significação que dela resulta), ou as três juntas.

Se o conteúdo físico dos conceitos é o resultado de uma evolução, é o lugar de um conceito na estrutura da teoria que lhe confere sua verdadeira significação pelo jogo de suas relações com os princípios e com outros conceitos. A significação física das proposições da teoria e de seus elementos faz parte da própria teoria: sem o que esta não seria mais que um simples esquema formal.

Essa concepção da teoria e de seus elementos constitutivos, que era a de Einstein, vinha acompanhada de uma crítica em regra do ponto de vista "positivista duro" ou "primário", segundo o qual "só seria real aquilo que é observado, o que desembocaria, tomado ao pé da letra, em esvaziar do seu sentido os conceitos utilizados nos enunciados". Era, realmente, para ele, a verificação que permitia "julgar a legitimidade dos conceitos e dos sistemas de conceitos", mas "verificação" devendo ser entendida numa acepção não utilitarista e não estreitamente observacionista, que é aquela do caráter sistêmico dos elementos teóricos.

Na experiência, enquanto é experiência dos sentidos, situava-se, para Einstein, a origem do conhecimento, mas ela tem necessidade de conceitos e outras "livres criações" do pensamento para ser "esclarecida". Ela é a pedra de toque das construções teóricas, não por um confronto direto e termo a termo, mas segundo procedimentos que levam em conta a complexidade estrutural de que se falou.

Já desde 1919 (por ocasião da primeira verificação de uma predição de sua "teoria de princípios", a relatividade geral), e depois constantemente, Einstein destacava o caráter de *refutabilidade* das construções da ciência, não como critério desta última, como o faria mais tarde Karl Popper com o enunciado da "falsificabilidade" para caracterizar a cientificidade, mas como uma das condições de sua possibilidade mesma. Escrevia ele:

> Uma teoria pode [...] ser reconhecida como falsa se suas deduções contiverem um erro lógico, ou como inadequada se um fato não estiver de acordo com uma de suas conseqüências. Mas nunca se pode provar a veracidade de uma teoria. Pois nunca se sabe se o futuro não dará a conhecer um dia um fato que virá contradizer as suas conseqüências.

E ainda, alguns anos depois:

> Não invejemos aquele que se consagra à teoria científica, pois a natureza, ou mais precisamente a experiência, julga inexoravelmente o seu trabalho e dá a sua arbitragem sem amenidade. Ela nunca diz "sim" a uma teoria; nos casos mais favoráveis, ela diz "talvez", e, na grande maioria dos casos, um simples "não". Se uma experiência estiver de acordo com uma teoria, isso significa "talvez", e, se ela estiver em desacordo, isso significa "não". Cada teoria fará provavelmente a experiência desse "não" – para a maioria pouco tempo depois de sua concepção.

Isso não é contraditório, entretanto, com o fato de que uma teoria possui conquistas definitivas. Estas últimas podem ser os elementos que servem diretamente para a construção (lei, relação de conceitos) ou enunciar-se em "princípio de correspondência", isto é, as relações preservadas são reencontradas pela teoria nova no limite das condições de aproximação de seu domínio de validade. Ao mesmo tempo, o próprio trabalho de pesquisa e também a história das ciências mostram como a construção teórica está inserida num movimento que visa a superá-la, independentemente mesmo das intenções primeiras de seus autores. (A exemplo da relatividade restrita, que era, ela própria, a conclusão lógica da introdução da noção de campo em física, e que, por sua vez *"apontava [...] para a sua própria superação"*, por sua limitação arbitrária apenas aos sistemas de inércia.)

Einstein reservava um espaço privilegiado, principalmente quando se preocupou em buscar "uma base teórica unificadora" de todos os ramos da física, ao "ponto de vista da simplicidade", suscetível de dar conta de um grande número de "propriedades observáveis" por derivação a partir "de um [número tão pequeno] de hipóteses quanto possível". Isso não era uma espécie de platonismo segundo o qual o mundo físico seria a manifestação de uma simplicidade matemática ideal. Pois, em seu pensamento da simplicidade, Einstein colocava primeiro os conceitos pensados fisicamente, não estando presente a matemática senão para exprimi-los, como ele indicou num texto de 1933: "Nossa experiência nos leva a admitir que a natureza é a realização da maior simplicidade concebível matematicamente".

No alicerce de todo o pensamento einsteiniano do conhecimento está a idéia, colocada como condição prévia, da *realidade do mundo exterior,* tão problemática nos debates de seu tempo, correlativa, lembremo-nos disso, daquela da *inteligibilidade* deste mundo. Em sua filosofia do conhecimento, essas duas idéias eram de natureza semelhante às construções conceituais de uma teoria: elas não nos são ditadas por uma necessidade lógica, mas sua verdade, isto é, sua necessidade para o pensamento, não pode ser enunciada senão como o resultado de sua fecundidade. Em 1953, ele escreveu:

A priori, não é mais legítimo supor que os conceitos de "realidade física", de "realidade do mundo exterior", de "estado real de um sistema" são indispensáveis ao pensamento do que os rejeitar; só a verificação permite dirimir a questão. *Por trás dos símbolos que constituem essas palavras, há um programa.*

É assim, por exemplo, que a distinção feita pelo pensamento entre as "impressões dos sentidos" e aquilo que são "puras idéias", necessária se quisermos evitar o solipsismo, não é nem dada, nem evidente, nem absoluta: é de convenção, pertence a nossas categorias de pensamento; é "como uma categoria que utilizamos para melhor encontrar nosso caminho no mundo das sensações imediatas", indica ele em sua "Resposta aos críticos". Também a distinção subjetivo/objetivo é igualmente uma pressuposição necessária ao pensamento físico, que só a sua utilidade justifica. São categorias ou esquemas do pensamento que escolhemos em função da inteligibilidade que permitem. São, de fato, condições de inteligibilidade.

A questão da realidade física era também, para ele, dessa natureza. "*Ser* é sempre algo que é construído mentalmente por nós, quer dizer, algo que colocamos livremente no sentido lógico"; e ele precisava que "a justificação dos construtos, que representam a '*realidade*' para nós, reside somente em sua aptidão para *tornar inteligível* aquilo que é dado pelos sentidos". "O 'real' em física", respondia ele àqueles que lhe contestavam a pertinência em nome da observabilidade, "deve ser tomado como uma espécie de programa, ao qual não estamos, entretanto, obrigados a submeter *a priori*." Prosseguia:

> As "categorias" não são inalteráveis (condicionadas pela natureza do entendimento) [como em Kant]; são apenas convenções livres (no sentido lógico). Elas aparecem *a*

priori somente naquilo que pensar sem colocar categorias ou conceitos em geral seria tão impossível quanto respirar no vácuo.

Einstein transcrevia assim no plano epistemológico, a fim de que o projeto de conhecimento conservasse todo o seu alcance e significação, a função, muitas vezes consignada no rol das idéias metafísicas, da realidade do mundo e da afirmação de sua inteligibilidade, objetos de suas convicções mais profundas, fonte e razão de ser de seu trabalho, e eixo de toda a sua filosofia.

12
Solidão e responsabilidade

Schopenhauer e Espinosa são dois filósofos do passado de que pouco se tratou até aqui, embora Einstein tivesse uma grande afinidade com eles. Em 1918, ele escreveu:

> Acredito, com Schopenhauer, que uma das mais fortes motivações na direção da arte e da ciência é escapar à penosa mediocridade da vida cotidiana, à sua monotonia desesperadora e às cadeias de seus desejos individuais sempre mutantes.

Acrescentava que "os seres sensíveis são também levados, fora de sua existência pessoal, para o mundo da contemplação e da compreensão objetivas"; e a busca de uma imagem do mundo lhes é também comum.

Sua motivação para a pesquisa era o conhecimento e a compreensão do mundo, cuja justificação se basta a si mesma. Ela correspondia a uma disposição da inteligência, mas também da alma, pois consagrar-se ao mundo da objetividade é também, de certo modo, escapar ao mundo, ao seu movimento, às suas ilusões, às suas mediocridades. É dedicar-se a um empreendimento sempre solitário, de alguma maneira. A vida inteira, Einstein experimentou esse sentimento de solidão, que sabia partilhar com outros, levados por uma motivação semelhante, que aliás não conduzia só à ciência, mas, por exemplo, à arte: é essa aproximação entre arte e ciência que o seu caráter de criação permite ainda melhor.

Um texto intitulado "O que a experiência artística e a experiência científica têm em comum", redigido em 1921 para uma revista de arte, explicita a identidade das motivações:

> Quando o mundo cessa de ser o palco de nossas esperanças pessoais e de nossos desejos, quando o enfrentamos como homens livres que admiram, que questionam e que observam, então entramos no reino da arte e da ciência. Se aquilo que se vê e que se experimenta é descrito na linguagem da lógica, estamos tomando o caminho da ciência. Se isso é comunicado através de formas cujas relações não são acessíveis à consciência, mas cuja significação é reconhecida intuitivamente, então estamos nos engajando no domínio da arte. Consagrar-se apaixonadamente a tudo que transcende os interesses pessoais e a vontade individual é comum a ambas.

Aqueles que escolheram essa via da contemplação e do conhecimento por ela mesma são, escrevia ele num outro texto, "na maioria um pouco estranhos, pouco comunicativos, solitários". O que os conduziu rumo ao templo da ciência foi, para além do desejo de escapar à monotonia e à mediocridade da vida cotidiana, uma aspiração "ao mundo da contemplação e da compreensão objetivas", para dar a si mesmo a imagem que se disse. Essa solidão é também comunicação. Dizia ele, em 1930:

> Se não tivesse tido o sentimento de estar em harmonia com homens que compartilham a mesma convicção que

eu, se não tivesse tido como ocupação a busca da verdade objetiva, daquilo que é para sempre inacessível, em arte como em ciência, a vida teria parecido vazia para mim.

Por outro lado, a solidão do pensador não era o encerramento numa torre de marfim. "O meu sentido exacerbado da justiça e das obrigações sociais formaram sempre um singular contraste com uma ausência pronunciada de contatos humanos e de inserção na comunidade", escrevia ele em *Como vejo o mundo*, texto de 1930, e prosseguia:

> Sou verdadeiramente um solitário, que nunca se sentiu pertencer com toda a sua alma a um Estado, a uma pátria, a um círculo de amigos, e nem sequer à sua mais estreita família: pelo contrário, tais laços nunca deixaram de me inspirar um sentimento de estranheza ou um desejo de solidão, que só crescem com a idade.

A atitude ética pela pesquisa se caracteriza por aquilo que se poderia chamar de ascetismo da despossessão, que Einstein exprime nos termos seguintes, perfeitamente espinosistas: "Para o cientista, existe somente o 'ser', mas nem desejo, nem valor, nem bem, nem mal, nem objetivo". A ciência a que o pesquisador se dedica é, em seu conteúdo e método, livre de qualquer antropomorfismo, de qualquer dimensão moral ou utilitária: a concepção do conhecimento como ética é, para Einstein como para Espinosa, a de uma orientação toda voltada para o ser (a natureza, o mundo) e suas razões.

Os desejos, as motivações e os valores próprios do homem não intervêm em sua escolha de consagrar-se a essa pesquisa; considerada em si mesma, esta corresponde a um descentramento total em relação ao homem e a seus valores. Se o método científico fornece os meios de realizá-los, não é ele que fixa os objetivos: "O método científico em si não teria levado a parte alguma, nem sequer teria nascido, sem um esforço apaixonado para se chegar a uma compreensão clara". Esse esforço, esse "desejo" (como Einstein escreve em outras ocasiões), dirige todo o movimento e responde pelo resto. É somente por esse aspecto que a busca científica é de ordem espiritual, que ela é, de algum modo, uma ética. O método científico tomado em si mesmo não é outra coisa senão uma ferramenta para prosseguir e completar esse projeto.

Por essa motivação e por essa atitude inteiramente dirigida para a compreensão daquilo que é, a atividade científica tem uma dimensão espiritual, e as transformações que ela provocou no decorrer dos séculos são, em profundidade, aos olhos de Einstein, dessa ordem. "Por trás de todo trabalho científico de uma ordem elevada", escreveu um dia Einstein, "existe certamente a convicção, próxima de um sentimento religioso, da racionalidade ou da inteligibilidade do mundo." Notemos a equivalência estabelecida entre a inteligibilidade e a racionalidade: é inteligível o que é acessível à razão; sob esse aspecto, o ideal de simplicidade representa o da inteligibilidade por excelência, como testemunha esta outra alusão a uma "fé profunda na simplicidade, isto é, na inteligibilidade, da natureza". Ele chama de "milagre da inteligibilidade" o fato de que, na prática do conhecimento, se consegue formar uma imagem do mundo, mas sem por isso poder fundamentá-la analiticamente, e sublinha o paradoxo de que "o eterno mistério do mundo é a sua inteligibilidade".

Einstein sempre lembrou que a atitude ética não é ditada por nenhum conhecimento científico, e que a ética é independente da ciência: "Os enunciados científicos de fatos e de relações não podem produzir diretrizes éticas". Mas a ética pode fazer uso do conhecimento científico e, assim, aperfeiçoar-se. Podemos formular premissas éticas que desempenham, em ética, um papel similar ao dos axiomas em matemática. Essa formulação faz pensar, evidentemente, em Espinosa, exceto o fato de que as premissas não são dadas por necessidade, e que nós (a humanidade) as escolhemos.

É possível fazer uma aproximação entre a concepção que Einstein tem da escolha dos axiomas éticos e a sua idéia do papel da intuição em ciência, que nos faz escolher os princípios e conceitos fundamentais. Esse parentesco de atitude em questões de natureza tão diversa (uma de ordem ética, outra intelectual) revela uma constante de sua própria maneira de ser. Suas posições em face dos problemas de ética pertencem ao mesmo gênero de decisão "instintiva" e "segura", no sentido em que falamos a propósito do conhecimento científico e de seu trabalho em física.

O que faz a significação de uma vida não se media, para ele, em termos de sucessos ou de fracassos: "A natureza não é um engenheiro nem um empreiteiro, e eu mesmo sou uma parte da natureza".

O sentimento de pertencer à natureza, una, que nos ultrapassa, e que nenhuma instância divina ou antropológica predetermina, é sem dúvida o ponto comum pelo qual se podem ligar mais diretamente uns aos outros os aspectos intelectuais e científicos de sua vida e de seu pensamento, e os que concernem ao mundo, à sociedade, à política. Não há dualidade; em Einstein, apesar da diferença, não existe senão um único mundo, e o ser está presente nesse mundo na unidade de seu pensamento e de sua vida. Mas a ética e a moral não estão inscritas na natureza: isso não quer dizer que elas não sejam importantes, mas elas o são unicamente em referência à realidade humana. "A moral é de importância capital, mas para nós, não para Deus" (o Deus de Einstein, o mesmo que o de Espinosa, *Deus sive Natura*).

Suas idéias sobre a moral e seu engajamento em causas que lhe pareciam justas não lhe eram ditadas por uma necessidade da natureza e não tinham relação direta com a ciência e seu trabalho científico. Não se tratava, para ele, de fundamentar na ciência os valores humanos e a organização social. Alguns, como o seu amigo Max Born, poderiam ver nisso uma contradição com o seu "determinismo fundamental", afirmação da necessidade absoluta da natureza, mas seria confundi-la com uma visão reducionista. Mas esse distanciamento da ética em relação à ciência não significa uma ausência de ligação entre elas, na prática da vida. Ele afirma, ao contrário, uma liberdade fundamental, também neste caso.

Se Einstein empregava muitas vezes o termo Deus, era num sentido que lhe pertencia em particular, e que não se confundia com nenhuma figuração antropomórfica. Os traços antropomórficos que ele parece lhe atribuir em certas expressões familiares o eram sempre por ditos espirituosos, e dessa diferença vem o sabor bem particular de suas fórmulas. Identificando esse Deus com a Natureza e recusando-lhe qualquer caráter antropomórfico, conservava por ele a admiração pela "estrutura admirável que não chegamos a compreender senão muito imperfeitamente" e o sentimento de humildade que todo ser pensante deveria sentir. É, dizia ele, "um sentimento autenticamente religioso, mas [que] nada tem a ver com o misticismo". Ele o chamava de "religião cósmica".

O engajamento de Einstein em política acompanhou um século fértil em reviravoltas. Inimigo de todo nacionalismo ("doença infantil" e "sarampo da raça humana"), fora privado de sua nacionalidade pelos nazistas. "Nunca me identifiquei com qualquer país", escreveu ele em 1954. Se permaneceu a vida inteira apegado à língua e à cultura, principalmente clássica, alemãs, por serem suas raízes e seu meio materno, sempre manifestou a maior distância em relação ao "espírito alemão", no sentido do nacionalismo.

Cético em política, Einstein, entretanto, tomou partido e se engajou. Depois do episódio da carta a Roosevelt, depois de Hiroshima, desde o fim da Segunda Guerra Mundial, ele militou ativamente com Bertrand Russell e outros contra a corrida armamentista e por um controle mundial, e até mesmo por um governo mundial, a esse respeito, e pela aproximação dos povos. Recomendou, durante o macarthismo, a recusa de testemunhar diante da comissão de inquérito. Entre os sistemas ou regimes políticos, pronunciava-se antes de tudo pela democracia. Denunciou repetidas vezes a oligarquia do capital privado, seu controle sobre a informação que altera o uso dos direitos políticos dos cidadãos, o fato de que a produção seja orientada para o lucro e não para a necessidade, e pendia para o socialismo, embora apontando a seu respeito o risco da burocracia. Emitiu acerbas observações sobre o sistema soviético e a sua filosofia de Estado.

Einstein reconheceu-se como judeu no início dos anos 1920, principalmente pelo olhar que os não judeus lançavam sobre os judeus; militou pelo sionismo – no sentido da instalação de um lar judeu na Palestina –, para proteger os judeus das perseguições, sempre com a preocupação da igualdade e da coexistência entre judeus e árabes, e denunciando qualquer tendência para estabelecer um Estado religioso, teológico. A sensibilidade judia era para ele de ordem cultural. O que contava fundamentalmente, a seu ver, era que, "em última análise, toda pessoa é um ser humano, quer seja americano ou alemão, judeu ou gentio", único ponto de vista digno de consideração.

Indicações bibliográficas

Obras de Einstein

(Com Leopold Infeld). *L'Évolution des idées en physique.* Trad. Maurice Solovine. Paris: Flammarion, 1938. [Ed. bras.: *A evolução da física.* Trad. Giasone Rebuá. Rio de Janeiro: Jorge Zahar, 2008.]
Lettres à Maurice Solovine. Paris: Gauthier-Villars, 1956.
Einstein on Peace. Orgs. O. Nathan e H. Norden. Nova Iorque: Simon and Schuster, 1960.
(Com Max Born). *Correspondance, 1916-1955, commentée par Max Born.* Trad. Pierre Leccia. Paris: Seuil, 1972.
(Com Michele Besso). *Correspondance 1903-1955.* Org. e trad. Pierre Speziali. Paris: Hermann, 1972. Nova edição, 1979.
The Collected Papers of Albert Einstein. Orgs. John Stachel et al. Princeton: Princeton University Press, 1987-. (Publicação em andamento, 8 volumes publicados, na língua original. Cada volume é acompanhado de um outro com a tradução em inglês.)
Œuvres choisies. Trad. franc., edição publicada sob a dir. de F. Balibar et al. Paris: Seuil/Ed. do CNRS, 6 vol., 1989-1993, e *Album Einstein.*

Biografias e estudos

BALIBAR, Françoise. *Einstein*: la joie de la pensée. Paris: Gallimard, 1993. (Col. Découvertes)
BARNETT, Lincoln. *The Universe and Dr. Einstein*. Nova Iorque: Harper and Row, 1948. Ed. rev. 1957; reed. Nova Iorque: Bantam Books, 1975.
Ciência e Ambiente. Einstein, nº 30, Santa Maria: UFSM, 2005.
FRANK, Philip. *Einstein, sein Leben und seine Zeit*. Munique: Paul List Verlag, 1948. [Ed. amer.: *Einstein, his life and times*. Trad. George Rosen, rev. Suichi Kusaka. Nova Iorque: Knopf, 1947; ed. rev., 1953. Ed. franc.: *Einstein, sa vie et son temps*. Trad. André George. Paris: Albin Michel, 1950; reed. 1958.]
JEROME, Fred. *The Einstein File*. Nova Iorque: S. Martin's Press, 2002.
KOUZNETSOV, Boris. *Einstein, sa vie, sa pensée, ses théories*. Trad. Paul Krelstein. Moscou: Ed. do Progresso, 1965; reed. Verviers: Marabout, 1967.
MERLEAU-PONTY, Jacques. *Einstein*. Paris: Flammarion, 1993.
MOREIRA, Ildeue e VIDEIRA, Antonio Augusto Passos (orgs.). *Einstein e o Brasil*. Rio de Janeiro: Ed. UFRJ, 1995.
MOURÃO, Rogerio Freitas. *Explicando a teoria da relatividade*, com apêndice sobre a visita de Einstein ao Brasil. Rio de Janeiro: Ediouro, 1987.
PAIS, Abraham. *Subtle Is the Lord*: The Science and Life of Albert Einstein. Oxford: Oxford University Press, 1982. [Ed. bras.: *Sutil é o Senhor...*: a ciência e a vida de Albert Einstein. Trad. Fernando Parente e Viriato Esteves. Rio de Janeiro: Nova Fronteira, 1995.]
PATY, Michel. *Einstein philosophe*. Paris: Presses Universitaires de France, 1993.

PATY, Michel. A recepção da relatividade no Brasil e a influência das tradições científicas européias. Trad. Ana Maria Alves. In: HAMBURGER, Amelia Imperio et al. (orgs.). *A ciência nas relações Brasil-França (1850-1950)*. São Paulo: Edusp, 1996, p. 143-181. (Col. Seminários)

PATY, Michel. *Einstein, les quanta et le réel* (no prelo).

Scientiae Studia, Revista Latino-Americana de Filosofia e História da Ciência. Einstein, vol. 3, nº 4, out.-dez. 2005.

STACHEL, John (org.). *O ano miraculoso de Einstein*. Rio de Janeiro: Ed. UFRJ, 2001.

TOLMASQUIN, Alfredo Tiomno. *Einstein*: o viajante da relatividade na América do Sul. Rio de Janeiro: Vieira & Lent, 2005.

ESTE LIVRO FOI COMPOSTO EM SABON
CORPO 10,7 POR 13,5 E IMPRESSO SOBRE
PAPEL OFF-SET 90 g/m² NAS OFICINAS DA
BARTIRA GRÁFICA, SÃO BERNARDO DO
CAMPO - SP, EM JANEIRO DE 2008